ZIRKUS UND VARIETÉ IN WIEN

WIENER THEMEN

GERHARD EBERSTALLER

ZIRKUS UND VARIETÉ
IN WIEN

Jugend und Volk Wien München

Abbildung auf dem Einband:
Der Englische Reiter. Mandelbogen. Lithographien aus dem
Verlag Matthias Trentsensky, Wien 1840.

Buchgestaltung: Haimo Lauth

ISBN 3-7141-6087-6 Jugend und Volk Wien
ISBN 3-8113-6087-6 Jugend und Volk München

INHALTSVERZEICHNIS

Nadar

Französische Clownesse in Schwenders Colosseum.
Kolorierte Photographie von Nadar, 1889.

I

GAUKLER UND HETZEN

Einen Zirkus im heutigen Sinne kannte weder das Altertum noch das Mittelalter. In den Zirkusspielen der Antike gab es wohl auch Darbietungen, die in einen heutigen Zirkus passen würden, wie die Dressur von wilden Tieren oder die Vorführung von artistischen Leistungen, im Gesamtkomplex der circenses spielten sie aber nur eine bescheidene Rolle. Der eigentliche Charakter der antiken Zirkusspiele war durch den Wettkampf bestimmt, wie er in Form der Gladiatorenkämpfe, der Wagen- und Pferderennen und der Tierhetzen in Erscheinung getreten ist. Akrobaten, Spaßmacher und dressierte Tiere – die drei Elemente des heutigen Zirkus – unterhielten im wesentlichen auf der Straße, auf dem Markte oder bei festlichen Gelagen auf einer provisorischen Bühne durch ihre Künste die Zuschauer. Das Geschlecht dieser Ioculatores, Circulatores, Praestitigatores, oder wie immer sie hießen, ist wahrscheinlich so alt wie die menschliche Zivilisation selbst, und so sehen wir seit urdenklichen Zeiten Jongleure, Zauberkünstler, Feuerfresser, Spaßmacher, Seiltänzer, Musikanten, Ringer, Schwertschlucker, Bärenführer und dergl. durch die Lande ziehen.

In Wien finden sich im Laufe der letzten Jahrhunderte immer wieder Hinweise, daß *Gaukler* erschienen sind, wie beispielsweise in den Rechnungsbüchern des Wiener Kaiserhofes, wo seit 1563 die Honorare für einzelne italienische Tänzer und Springer vermerkt wurden. Sie kamen als Vorläufer der alsbald in Erscheinung tretenden Ensembles der Commedia dell'arte.

Etwa seit der Mitte des 17. Jahrhunderts bevölkerten *wandernde Komödianten* die verschiedenen Plätze in Wien, wie die Freyung oder den Graben, den Neuen oder den Hohen Markt, den Mehlmarkt oder den Judenplatz, und boten dem wienerischen Publico „allerlei vergnügliche Kurzweil". Man spielte

Haupt- und Staatsaktionen von heroisch untergehenden gekrönten Häuptern und mit Intrigen kämpfenden, sehnsüchtig liebenden Prinzen, oder schaurige Gespenster- und Rittertragödien, und oft fanden sich neben den Komödianten noch kostümierte Hunde und Affen, Spielleute mit verschiedenen Instrumenten, Seiltänzer, Taschenspieler, Athleten, Policinells, „Marionettenspüller" und andere Gaukler ein.

Eine Seiltänzergesellschaft, also ein geschlossenes Ensemble eines bestimmten artistischen Genres, ist in Wien am 13. Jänner 1629 möglicherweise erstmals erschienen und zeigte ihre Künste in einem Holzschuppen auf dem Neuen Markt. Die Ankündigungen derartiger Darbietungen im 17. und 18. Jahrhundert waren durch eine geradezu bombastische Phraseologie charakterisiert, wenn es etwa hieß: „Da wird sich unsere berühmte Romanische Meisterin befleißen, die hochgeneigte Liebhaber zu contentieren auf dem steiffen Seil mit kunstreichen Sprüngen vorwärts wie auch rückwärts und hoch caprollieren daß wenig ihresgleichen werden gesehen haben. Dann wird Strochsack auf dem gespannten Seil schwere Tänze und starke Sprünge machen. Nebst anderen wird er mit zweyen Personen an seine Füße gebunden, auf dem Seile tanzen." (Mit Strochsack oder Strohsack war der Bajazzo gemeint, Pagliaccio bedeutet ja auf italienisch Strohsack, und die Verbindung ergibt sich daraus, daß die Bekleidung dieses Lustigmachers ursprünglich von dem blau und weiß gewürfelten Bettzeug herrührte, das die Italiener seinerzeit für ihre Strohsäcke benützten.) Am 8. Dezember 1732 wurde in Wien in der neu erbauten Hütte am Schauplatz auf der Freyung angekündigt, daß „es wird der allhier anwesende berühmte Meister und sogenannte Starke Mann mit seiner neuvermehrten vollkommenen Englischen Bande künstlicher Seiltänzer und perfecten Springer abermals mit Verwunderung seine Exercitien dene Herrn Spectatoribus praesentieren, dabey aber seine force wie gewöhnlich, admirieren lassen".

Auch die Frühzeit der Wiener Vorstadtbühnen ist mit dem Auftreten von Seiltänzern, aber auch anderen Gauklern, wie Springern und Positurenmachern, verbunden. Das Penzinger Theater, das Theater zum weißen Fasan auf dem Neustift oder das Landstraßer Theater beispielsweise, Bühnen, die in der zweiten Hälfte des 18. Jahrhunderts ein nicht sehr langes Leben fristeten und deren Ruf, sowohl was den Spielplan als auch das Publikum betrifft, sehr schwankend war, gewährten des öfteren derartigen artistischen Kompanien Aufnahme. Dies wurde im allgemeinen als ein Minus betrachtet, da dem Stand der Fahrenden im großen und ganzen Geringschätzung zuteil wurde. Die Geringschätzung der Fahrenden ist ein eigenes Kapitel der Sozial- und Rechtsgeschichte, und wir wissen, daß sie aus verschiedenen Quellen gespeist wurde. Das Umherziehen, sonach also in keinem Hause – als Besitzsymbol – zu wohnen, und das Vollbringen einer an sich jedenfalls nicht als notwendig angesehenen Tätigkeit waren sicher zwei wichtige Momente, die die Fahrenden jahrhundertelang suspekt erscheinen hatten lassen. Zudem wurden unter dem Begriff des „Fahrenden Volkes" lange Zeit hindurch auch die Bettler, die vagabundierenden Landsknechte, ja Straßenräuber und sonstiges Gesindel subsumiert, was natürlich auch zur negativen Bewertung der Umherziehenden schlechthin beigetragen hat. Die soziale Deklassierung des Standes der Fahrenden hat ja auch in den einzelnen Rechtsordnungen ihren Niederschlag gefunden, es sei nur auf die Rechtsbücher des Mittelalters, den Sachsen- und den Schwabenspiegel verwiesen, wonach die Fahrenden, die zur Erheiterung des Publikums von Ort zu Ort zogen, als ehr- und rechtlos galten. Auch als im 17. und 18. Jahrhundert für eine menschenwürdigere Gesetzgebung hinsichtlich der Fahrenden gesorgt wurde, begann sich das ihnen anhaftende Stigma der Unehrlichkeit erst allmählich zu verflüchtigen.

Starker Mann und Seiltänzer waren aus dem Reservoir der Fahrenden diejenigen, die im 17. und im 18. Jahrhundert das Feld der artistischen Künste hervorstechend beherrschten. Es waren vermutlich die Bewunderung der Stärke und die Bewunderung des Mutes, die im besonderen diese beiden Genres reüssieren ließen und Hand in Hand damit eine soziale Aufwertung des Standes mit sich brachten. Durch die Luft gehen, wie auch fliegen, ist ja ein uralter Wunschtraum der Menschen, und das Wesen der Artistik scheint darin zu liegen, daß sie tief verwurzelte seelische Regungen in eine allegorisch bildhafte Sprache umsetzt. Die Sehnsucht, Ungewöhnliches zu vollbringen und mit übermenschlichen, ja überirdischen Kräften ausgestattet zu sein, findet sich in den Mythen der verschiedensten Völker. So verkörpert sich in Herakles der Wunsch, einmal über Riesenkräfte zu verfügen, wie sich in Ikarus die existentielle Sehnsucht des Menschen, das Gesetz der Schwerkraft zu überwinden, offenbart.

Als eine der wichtigsten historischen Stätten des Wirkens der alten Wanderkünstlerwelt in Wien ist das *Hetztheater* anzusehen, in dem keineswegs nur Tierhatzen abgehalten, sondern von der „immer für das Vergnügen und die Unterhaltung besorgten Hetzleitung" auch die Kunstreiter und Gymnastikertruppen, die die Residenz besuchten, engagiert wurden. Das Hetztheater, das von 1755 bis 1796 bestanden hat, war einer der populärsten Belustigungsorte und geht auf den Franzosen *Charles Defraine* zurück, einen unternehmungsfreudigen Mann, dem die Erlaubnis zur Errichtung eines aus drei Stockwerken bestehenden Rundbaues, der über 3000 Zuschauer aufnehmen sollte, erteilt worden war. Die Arena, die auf dem Glacis in der Vorstadt Weißgerber stand, war eine Holzkonstruktion mit drei Logenrängen, während das Erdgeschoß mit den Zwingern für die Tiere gemauert war. In der Mitte der dachlosen Arena erhob sich ein hoher Steigbaum, auf den sich die Hetzmeister retten konnten, wenn sie Gefahr liefen, von den gehetzten Tieren angegriffen zu werden. Die Vorstellungen fanden von März bis November an den Sonn- und Feiertagen zwischen 4 und 6 Uhr nachmittag statt und fanden größten Zuspruch bei einem Publikum, das sich aus allen Schichten der Gesellschaft rekrutierte.

Tierhetzen und Tierkämpfe sind bekanntlich uralte Volksbelustigungen, die ihre größte Entfaltung im römischen Circus gefunden haben. Sieht man vom spanischen Stierkampf ab – der in seiner Überlieferung vermutlich aus Kreta stammt und vielleicht auf die kretischen Seefahrer zurückgeht, die mit Spanien in Handelsverkehr gestanden sind –, haben sich nach dem Zerfall des weströmischen Reiches die Tierhetzen nur mehr in sehr reduziertem Umfang weiter erhalten.

Auch in Wien wurde den Tierkämpfen gehuldigt, und die ersten archivalischen Nachweise gehen auf das Jahr 1699 zurück, als einem Fleischermeister namens Donat das Hetzen bewilligt wurde. (Eine Ausnahme machen die Hahnenkämpfe, die schon früher nachgewiesen sind und bis zum Beginn des 15. Jahrhunderts in Wien öffentlich abgehalten wurden. Ein Wiederbelebungsversuch 1834 im Tivoli in Meidling hatte wenig Erfolg.) 1708 war „auf der Haide" (heute Platz „Im Werd" in der Leopoldstadt) ein kleines Hetztheater entstanden, welches 1720 in den Hof des Gasthauses „Zum schwarzen Adler" im Unteren Werd (heute Taborstraße – Gredlerstraße) verlegt wurde. Zufolge einer Bewilligung für die holländischen Handelsleute Martin Stoppel und Josef Dörning wurde in diesem Gasthaus, das eines der ältesten Einkehrwirtshäuser und beliebtesten Speisehäuser für die Einheimischen darstellte, das erste „animalische Spektakel" abgezogen. Wenig später, 1735, wurde sodann auf der Landstraße an der Stelle, wo später die Heumarktskaserne entstand, von dem berühmten Hofingenieur und Bühnenarchitekten Galli, genannt Bibiena, und von dem Hofbildhauer Antonio Corradini auf Grund eines Privilegs ein Hetztheater erbaut. Die Finanzierung besorgte der Händler Abraham Copez Dias, doch war diesem Hetztheater kein großer Erfolg beschieden, und 1743 wurde es bereits wieder aufgelassen. Der große Erfolg war erst Defraine mit der Errichtung des Hetztheaters im Jahre 1755 gegeben. Als Werbung für dessen Vorstellungen wurden permanente Aufzüge in den Straßen der Inneren Stadt und der Vorstädte arrangiert, denen es zweifellos gelungen ist, das Publikum anzulocken. Nichts anderes stellte ja das spätere Paradereiten der Kunstreitergesellschaften dar, und bis in das 20. Jahrhundert hinein haben sich Zirkusparaden erhalten, sie werden gelegentlich noch heute produziert.

Beim Umzug ritt der Hetzmeister in Jagdkleidung mit Hetzpeitsche und Hirschfänger zu Pferde, vor ihm marschierten zwei Trommler und dahinter die Hetzknechte, welche die „Hetzzettel" austeilten. Als Verfasser dieser Hetzzettel fungierte der Schriftsteller *Johann Rautenstrauch,* der, aus Erlangen gebürtig, frühzeitig nach Wien gekommen war, wo er als „Aufmischer" galt. Als Schriftsteller war er hauptsächlich auf den Gebieten des Theaters und des Kampfes wider den Klerus tätig, und populär wurde er insbesondere auch durch seine Broschüre „Über die Wiener Stubenmädchen". Die Hetzzettel, die das Programm ankündigten, strotzten nur so von bombastischem Schwulst: „Ein herrlicher Tierkampf", „Ein heroischer Tierkampf", „Unter Trompeten- und Paukenschall einer der größten und herrlichsten Tierkämpfe".

Auf dem Balkon des gemauerten Haupteinganges spielte eine türkische Musikkapelle, deren schrille Klänge zweifellos dazu beitrugen, die Stimmung im Publikum anzuheizen; darüber hinaus war das Türkische ja sehr in Mode.

Die Hetzzettel berichten, daß hauptsächlich Bären, Wölfe, Schakale, Ochsen und Wildschweine, gelegentlich aber auch ein Leopard oder ein Löwe, unter Mitwirkung scharfer Fanghunde, die Akteure waren.

In den Briefen eines Eipeldauers an seinen Herrn Vetter in Kakran über d' Wienstadt, jenem fiktiven Reisebericht, der als gesellschaftliche Satire die Stimmung des Volkes analysierte, ist auch vom Hetztheater die Rede: „. . . Da ist ein Bär herauskommen, und drauf wieder ein Bär, und dann wieder ein Bär . . . Und was das für gute Tier sind! Haben ihnen d' Hund beim Raufen d' Brazen fast ins Maul gesteckt, und sie haben doch keinen gbissen. Hernach haben s' ein Wildsau auf den

Platz lassen, die hat ein Hund in den Bauch hineingeschlagen, daß ihm d' Darm herausghenkt sind ... Da sind hernach zwei andere Hund herauskommen, die haben ein jeder ein Mieder anghabt und puff haben s' d' Wildsau beim Ohrwaschel g'fangen. Da hat alles gschrien ‚brafo! brafo!' und d' Musikanten haben dazu d' Trompeten und Pauken gschlagn ... Ein Ochs, Herr Vetter, ist auch dagwesen; dem habn d' Hund alle beide Ohrwaschel wegbissen ... und wie d' Hund keine Ohren mehr gfunden habn, so haben s' ihn beim Schwaf gfangen ... Darauf habn s' ein Leopard herauslassen, der ist so wild gwesen, Herr Vetter, so wild, daß ihn nur ein einziger Hund hat fangen können. Über ein Weil sind drei Bärn, und ein Ochs und ein Pferd, und ein Wildsau zsamm auf den Platz kommen und die habn sich eins vor dem andern gforchten, und da habn d' Leut wieder entsetzlich g'lacht. Auf d' letzt ist noch ein Bär kommen: und der ist so hungrig gwesen, daß er sich in einem großen Stuck Fleisch völlig verbissen hat, und wie er so verbissen war, so habn s' eine Menge Raketen um seinen Kopf anzunden, und habn ihn so in d' Höh zogen . . ." – „Der Wiener Herr Vetter hat mir erzählt, daß schon recht brave Herrn wider d' Hetz geschrieben habn, weil 's so ein wilds und grausames Spektakel wär, und weil 's das Gmüt hart macht; aber das kann ich nicht glauben: denn es würden ja nicht so viel geistliche Herrn in d' Hetz gehn, und noch dazu, ihre Studenten hineinführen; d' Frauenzimmer haben ja auch weiche Herzen, und doch ist 's Hetzhaus auch voll Frauenzimmer."

Da aber immer wieder für Abwechslung des Publikums gesorgt werden mußte, brachte man auch Vorführungen anderer Art, man zeigte beispielsweise überdimensionale Mastsäue oder dressierte Pudel und begann auch, Tierdarbietungen in Theaterszenen einzubauen. So wurde etwa ein Ariadne-Ballett produziert, wobei ein dressierter Bär der Ariadne artig die Hand küßte.

Auch von den auftretenden Kunstreitern und Gymnastikern sind Hetzzettel vorhanden. So berichtet ein Hetzzettel, daß

„Sonntag, den 15. May 1791 der von einem hochschätzbaren Publico gern gesehene Künstler Schlag halb 5 Uhr auf dem Schlappseil erscheinen und folgendes zum besten geben wird: 1) Wird er auf seinen Kopf eine Maschine setzen, die sich während des Trommelschlagens in eine Beleuchtung verwandelt.

2) Stellet der Künstler eine bewegliche Sonne vor, wodurch er mit langen Strapaten einen Durchsprung macht, welche Sonne sich in eine herrliche Wappe verändert.

3) Zeiget der Künstler einen Saltomortale vor- und rückwärts mit Seitengewehr."

Nach etlichen anderen Posituren wird angekündigt: „Zum Beschluß stellet er mit 14 Wagenrädern eine sehenswürdige Pyramide vor, welche einen Wasserfall in einer brillanten Beleuchtung ausmacht." Interessant an dieser Ankündigung ist, daß hier Elemente des barocken Zaubertheaters der Verwandlungsmaschinerie einer gymnastischen Produktion ihr besonderes Gepräge verleihen.

Ein beträchtlicher Teil der Einnahmen des Hetztheaters mußte überdies an die Armenkasse abgeliefert werden, bildete also eine Art Lustbarkeitsabgabe und die scheinbar moralische Rechtfertigung der zum Großteil abstoßenden Spektakel. Defraine war übrigens 1768 gestorben, und dies wäre gewiß ein Anlaß gewesen, das Hetztheater, dessen Brutalität der Darbietungen schon oft angeprangert worden war, zu schließen. Da man aber der Armenkasse weiterhin das Geld zukommen lassen wollte, fand man eine (echt österreichische) Lösung. Das Patent blieb erloschen, und die Kaiserliche Theatraldirektion kaufte von den Erben das Haus, es wurde somit zum k. k. privilegierten Hetztheater und als solches verpachtet. So konnten die Armen weiterhin ihr Geld bekommen (als ob es keinen anderen Weg gegeben hätte), der Staat verdienen (was der wahre Grund war), und man konnte vielleicht, so wurde argumentiert, gegen allzu krasse Vorkommnisse einschreiten. Besonders kurios mag es uns heute erscheinen, daß unter der Liste der wechselnden

Pächter auch zwei Direktoren des Burgtheaters aufgeschienen sind, nämlich Giuseppe d'Affligo (dessen Karriere angeblich sehr tief, nämlich als Galeerensträfling, geendet haben soll), und Johann Nepomuk Graf von Kohary.

1796 schlug die Todesstunde für das Hetztheater, und der Eipeldauer berichtet darüber wieder in seinen Briefen an seinen Vetter: „Gestern hat der Stuwer im Prater sein Feuerwerk gegeben, und wie das aus war, hat das Hetzhaus zu brennen angefangen, und dieses zweite Feuerwerk hat den Wienern fast noch besser gefallen als das erste." Durch vier Dezennien waren die Wiener in riesigen Scharen in das Hetztheater gelaufen, als nun aber das Feuer ausbrach, da dachte keiner ans Löschen. Genußvoll gaffend stand die Menge herum und ergötzte sich über die hell lodernden Flammen, die prasselnd aus den Holzwänden schlugen. Die Polizeiwache mußte die Leute, die in dichten Kordons herumstanden, schließlich sogar mit Säbelhieben zwingen, Platz zu machen und bei der Bekämpfung des Brandes mitzuwirken.

Erwähnenswert ist, daß das Theater auf der Landstraße, das von 1789 bis 1793 existierte, und von dem Bäuerle in seiner Theaterzeitung geschrieben hatte, daß es das allerjämmerlichste sei und einem großen Hühner- und Gänsestall ähnle, parodistische Hetzdarstellungen brachte. Die Schauspieler mußten sich als Hunde, Pferde, Bären, Ochsen verkleiden, und der Prinzipal machte den Hetzmeister. Joachim Perinet berichtet in seinem Wiener Almanach darüber: „In eben diesem Theater . . . ward einst auch ein Ochs auf das Tapet gebracht, der erlegt werden sollte. Da nun in dieser ausgestopften Maschine wie gewöhnlich zwei Menschen staken, wovon einer den vorderen, der andere den hinteren Teil des Ochsen ausfüllt und ein Kunstliebhaber den Vordermann zur Debütrolle gewählt hatte, so kam er in ein solches Feuer, daß er unaufhörlich in die Höhe sprang und dadurch seinen hinteren Kameraden in eine erbärmliche Lage versetzte. ‚So sei nur kein Esel', rief der Hinterochs, ‚und hüpfe nicht wie ein Bock!' ‚Sei nicht böse', erwiderte der Hauptochs, ‚aber ich gebe mir absichtlich Mühe; denn mein Weib ist im Theater und sieht mich heut' zum erstenmal spielen.' "

Was das abgebrannte Hetztheater betrifft, so verfügte Kaiser Franz 1796, daß „die Wiedererrichtung oder Erbauung eines Hetzamphitheaters weder an dem nämlichen noch sonst einem anderen Platze mehr statthaben, sondern diesem so greulichen und die Nation entehrenden Schauspiel in dieser Hauptstadt auf immer ein Ende gemacht werden solle". Damit fiel der Vorhang über eines der absonderlichsten Kapitel der Wiener Vergnügungsstätten.

II

DIE KUNSTREITERGESELLSCHAFTEN

Die Kunstreiter, die zuerst in Mitteleuropa auftauchten, pflegte man bis etwa in die erste Hälfte des 19. Jahrhunderts als die englischen Reiter zu bezeichnen. England als das Mutterland des Pferdesports hat in der Neuzeit auch tatsächlich die ersten Kunstreiter gestellt, und Price und Johnson, die ab 1760 in London Pferdevorführungen zeigten, waren möglicherweise die Urheber dieser Bewegung.

Schon im 17. Jahrhundert hatte allgemein das Interesse am Pferd zugenommen, im besonderen im Bereich des Militärisch-Sportiven. Daneben war das Pferd zu einem wirtschaftlich bedeutenden Faktor geworden, es spielte nicht nur in der Armee, sondern auch im Transportwesen und in der Landwirtschaft eine gewichtige Rolle. Für die oberen Gesellschaftsschichten war der geschulte Umgang mit Pferden verpflichtend, und das steigende Interesse an der Pferdezucht hatte im 16. und 17. Jahrhundert zur Errichtung „Hoher Reiterschulen" geführt, an deren Spitze die Hofreitschulen oder Königlichen Kavalleriemanegen standen, wie etwa in Wien, Versailles oder Madrid. Es liegt auf der Hand, daß die Reiterspiele mit bzw. auf Pferden, wie sie in den Reiterakademien und vom Adel gepflegt wurden, die Entwicklung des berufsmäßigen Kunstreitens und der Pferdedressur stark beeinflußt haben. Das außerordentliche Interesse, das im besonderen der Adel und das Militär dem Kunstreiten entgegenbrachten, führte im weiteren Verlauf oft auch dazu, daß den reisenden Kunstreitern die Reitausbildung hoher und mittlerer Gesellschaftsschichten übertragen wurde. England, das Land, aus dem nun die ersten Kunstreiter kamen, war ja besonders aufgeschlossen für alles, was den sportiven Geist ansprach, und so ist auch der erste Zirkus im heutigen Sinne in England entstanden. Sein Begründer war *Philipp*

Astley, ein Dragoneroffizier, der nach frühzeitiger Quittierung des Armeedienstes 1768 in London ein Feld unter freiem Himmel zu Reitübungszwecken mietete; dem folgte 1772 ebenfalls in London eine Reitschule, aus der der erste Zirkus Europas hervorgegangen ist.

Die Ausbreitung der Kunstreiterei hatte verschiedene Ursachen, die starke Sympathie der englischen Nation für den Pferdesport hätte wohl kaum die Expansion des neuen Genres über den Kontinent auslösen können. Vor dem massiven Auftreten der Reitkünstler war durch die um 1760 in England einsetzende industrielle Revolution eine Anzahl von Handelsplätzen überflüssig geworden und damit eine empfindliche Verschlechterung der Lebensbedingungen für die auf den Jahrmärkten auftretenden Artisten und Schausteller eingetreten; denn die Jahrmärkte waren mit den Handelsplätzen zwangsläufig verbunden. Vermutlich wandte sich daher so mancher Jahrmarktsartist der Kunstreiterei zu. Auf den Wechsel im Fach deuten auch Anzeigen hin, in denen es beispielsweise hieß, daß Kunststücke, die gewöhnlich nur auf dem Seil gezeigt, nun in vollem Galopp auf zwei oder drei Pferden ausgeführt werden; schließlich ist es eine Tatsache, daß eine Anzahl von Reitkünstlern aus Seiltänzerfamilien mit einer alten Tradition stammten. Der andere Teil der Kunstreiter kam, wie z. B. Astley, unmittelbar von der militärischen Reiterei her, wie auch die industrielle Revolution durch die mehr oder minder wirtschaftliche Entmachtung eines Teiles des Adels zur Vakanz von Reitlehrern, Stallmeistern, Bereitern und Pferdepflegern führte, die nun Jockeys oder Kunstreiter wurden. Ein Novum war das Kunstreiten an sich in keiner Weise, denn es wurde schon in der Antike praktiziert. Im Circus maximus beispielsweise wurden Kunststücke im Rahmen von Reiterspielen vorgeführt; das kam von den Numidiern her.

Die englischen Reiter waren Kunstreiter im eigentlichen Sinne des Wortes, und ihr vielgestaltiges Repertoire bestand beispielsweise aus dem Voltigieren auf mehreren Pferden, aus dem

Stehendreiten im Galopp, aus dem Aufheben von Gegenständen vom Boden und dem Springen durch einen Reifen oder über ein hohes Band während des Reitens.

Nachdem 1770 im Hetztheater der zu seiner Zeit gut bekannte Reiter *Potts* seine Aufwartung gemacht hatte, erschien sechs Jahre später der Engländer *Simson* mit seiner Frau, Artisten, die sich, nach der Ankündigung, bereits „vor den Königen von Preußen und Polen, ingleichen vor den Kurfürsten von Sachsen produziert" hatten. Von den Kunststücken, die Simson vorführte, wurde auf dem Programmzettel vermerkt: „Wird Herr Simson in vollem Galopp auf zwei Pferden stehen und über drei Fuß hoch springen; steht er in vollem Galopp auf beiden Pferden, ohne den Zügel zu halten und wird so ein Glas Wein austrinken; reitet der Künstler in vollem Galopp bis vor den Schlagbaum, dann springt er links ab; mittlerweile als die Pferde über den Schlagbaum springen, springt er über Pferde und Schlagbaum hinweg . . . wird er auf vier bis fünf Pferden zugleich reiten; wird er im Galopp eine Nadel von der Erde aufheben; und endlich wird er in vollem Galopp auf zwei Pferden stehen und einen Burschen von zwölf Jahren auf dem Kopf halten." Auch Madame Simson leistete Beachtliches, indem sie den Spagat zwischen zwei Pferderücken vorführte, auf zwei Pferden stehend in vollem Galopp über einen Schlagbaum setzte, und auf drei Pferden stehend schließlich eine Pistole abfeuerte.

Der Groteskreiter *John Hyam,* der später auf dem Rennweg ein eigenes Zirkusgebäude errichtete, trat in Wien zum erstenmal 1777 auf, und zwar auch im Hetztheater. Er versetzte die Wiener in einen Begeisterungstaumel sondergleichen und enthusiasmierte besonders die Frauen, denen der stattliche Reiter so gut gefiel, daß Kaiserin Maria Theresia verfügte: Wenn der Hyam fortfahren sollte, den Frauenzimmern Wiens die Köpfe zu verdrehen, werde er unnachsichtig ausgewiesen werden. 1784 durfte sich Hyam mit seiner eigenen Gesellschaft auch in der k. k. Hofreitschule produzieren, was deutlich macht, welche

Bedeutung den Kunstreitern von höchster gesellschaftlicher Seite zugemessen wurde. Zudem war es in jener Zeit Usus, daß besonders hervorragenden Kunstreiterprinzipalen und Kunstreitern Titel wie k. k. privilegierter Kunstreiter-Direktor oder k. k. privilegierter Kunst-Bereiter verliehen wurden. Auch wurden ihnen die verschiedensten Privilegien zuerkannt, wie etwa das uns heute reichlich kurios anmutende Vorrecht, bei der Kunstreiterparade durch die Stadt die kaiserliche Fahne zu entrollen, vor welcher, wenn der Weg an einer Militärwache vorbeiführte, diese pflichtschuldigst zu salutieren hatte.

Die Kunstreitergesellschaften bildeten die Keimzelle für das Heranwachsen der Zirkusse, und das Entstehen städtischer Ballungen ermöglichte es diesen Gesellschaften, auch längere Zeit an einem Orte zu bleiben, ja in vielen Fällen seßhaft zu werden und feste Gebäude zu errichten. Den englischen Reitern schlossen sich alsbald solche anderer Nationalität, wie Spanier, Franzosen, Italiener oder Deutsche, an.

Der Mann, der den ersten durch längere Zeit bestehenden Zirkus in Wien ins Leben gerufen hat, war der 1768 in Kurland geborene *Christoph de Bach*. De Bach, der 1802 zum erstenmal in Wien erwähnt wird, trat vorerst mit seiner Truppe auch in der Hofreitschule auf und bekam die Erlaubnis, die Jugend in allen gymnastischen und altritterlichen Übungen zu unterrichten. 1808 konnte er seinen Gedanken, ein stabiles Zirkusgebäude zu errichten, in die Tat umsetzen; auf der heute noch so genannten Zirkuswiese im Prater entstand der von *Josef Kornhäusel* stammende Bau, der *Circus gymnasticus,* der Platz für 3000 Personen bot. Er war aus Holz gebaut, enthielt 13 Logen und 3 Galerien, und seine Dachung ruhte auf 28 hölzernen Säulen. Allgemein bewundert wurde die mächtige Glaskuppel, in die genügend Tageslicht einströmte, da der Circus nur nachmittags gespielt werden durfte. Abends, wenn die Theater ihre Pforten öffneten, mußte er geschlossen halten, da die Konkurrenz zu groß war. De Bach, in dessen Truppe mehrere angesehene Kunstreiterfamilien der Zeit vereinigt waren, unternahm auch öfters Reisen und verpachtete während dieser Zeit wiederholt das Gebäude an andere Gesellschaften.

Eine besondere Glanzzeit erlebte der Zirkus während des Wiener Kongresses, der ja bekanntlich überhaupt eine Hausse der Vergnügungseinrichtungen nach sich zog. Über die Publikumsstruktur des Zirkus existieren meines Wissens keine Aufzeichnungen, wir können aber mit Sicherheit annehmen, daß es ein durchaus vielschichtiges Publikum war. Wahrscheinlich war der Anteil des Adels und des Militärs, schon bedingt durch die Beziehung zum Reiten, sehr groß, aber die Vorstellungen dürften ebenso vom Bürgertum, im besonderen auch vom Vorstadtbürger und vom „Untergrund" der Vorstadt, besucht worden sein. Dies erhellt schon aus der Tatsache, daß der Zirkus sehr bald eine gefürchtete Konkurrenz für die Praterhütten wurde und auch das Leopoldstädter Theater unter seiner Nachbarschaft zu leiden hatte.

Grundlage des Repertoires wie überhaupt Domäne des Zirkus bildeten die Pferdevorführungen bzw. Reitdarbietungen. Bäuerle referierte wiederholt über die Vorstellungen im Circus gymnasticus und hob vor allem die Liebenswürdigkeit, die Anmut und Leichtigkeit hervor, die bei allen erstaunlichen Wagnissen nie fehle. Gedruckte Programmzettel mit der Reihenfolge der einzelnen Nummern gab es noch nicht, sie kamen erst in den vierziger Jahren in Brauch; die einzelnen Piecen wurden vordem vom Regisseur der Vorstellung, der nach einer Trompetenfanfare feierlichen Schrittes in der Manege erschien, angekündigt.

Im Circus gymnasticus wurden beispielsweise auch Turnierspiele abgehalten und somit die Verbindung zu diesem Reitsport des Adels deutlich gemacht; die Hohe Schule des Zirkus hat ja ihren Ursprung in den Gangarten, in denen die Pferde für die Turniere trainiert wurden.

Eine besondere Attraktion war es, als de Bach dressierte Hirsche zeigte und damit wahrscheinlich bewußt eine Tiergattung wählte, mit der vornehmlich die höheren Gesellschafts-

schichten durch die Jagd in Berührung kamen; eine Hirsch-
dressur gab es übrigens auch bei einem Zeitgenossen de Bachs,
dem Klassiker der romanischen Zirkuskunst, dem Cirque
Olympique der Brüder Franconi in Paris. Ansonsten ist dieses
Genre bis heute im Zirkus eine Seltenheit geblieben.

Artistische Darbietungen traten gegenüber den Reitvorführun-
gen noch stark zurück, sie waren aber doch vorhanden. Auf
den Eipeldauer hat ein „Stockschlager" großen Eindruck gemacht: „Der schlagt einem mit seinem Stock 1 kr. von der
Nasn weg, ohne daß er d' Nasen berührt, und löscht mit sein
Stock, den er wie ein Radl herumdraht, ein Licht aus, und
zündts wieder an." Auch der in der Geschichte des Seiltanzes
glänzende *Ravel* trat bei de Bach auf, wo er auf einem über die
Köpfe der Zuschauer gespannten Seil u. a. geigenspielend
Salto mortale drehte.

Es gab auch schon diverse Lustigmacher, Bajazzi, und ein besonders beliebtes Genre stellten die komischen Verwandlungs-
szenen dar. (Der Ausdruck Clown für die lustige Person im
Zirkus hat sich erst in den sechziger Jahren des 19. Jahrhunderts generell eingebürgert.) Solche Szenen waren etwa: „Der
Bajazzo und seine Großmutter" (eine Rollenkonstellation, die
mutatis mutandis in das Kasperltheater Eingang gefunden hat),
„Der gascognische Bauer zu Pferd" (die Lustige Person im Zirkus war ja in den Anfängen zumindest wesentlich als Akteur
einer Reitparodie tätig), „Joko, der brasilianische Affe" (eine
der beliebtesten Piecen der Zeit, die zum Standardrepertoire
der Affendarsteller wurde), oder „Der Dorfbarbier" (er begeg-
net uns heute noch in verschiedenen Variationen, etwa in der
Form des Entrées, in dem ein dummer August von seinen
Spießgesellen brutal eingeseift und der Schaum dann mit einem
übergroßen Rasiermesser weggekratzt oder mit Hilfe eines
Wasserschlauches abgewaschen wird). Zum Teil jedenfalls waren
diese Szenen Erbstücke der Commedia dell'arte bzw. gingen sie
in ihren Ursprüngen überhaupt auf die Komödie der Antike
zurück. Ein Gebiet, im Zirkus des 19. Jahrhunderts von be-

achtlicher Bedeutung und auch heute noch fallweise präsentiert, war schließlich die Batoude, die auch bei de Bach gepflegt wurde. Hierbei sprangen die Artisten vom Trampolin aus über 12 bis 14 Pferde oder über eine Gruppe von Soldaten mit aufgepflanzten Bajonetten.

De Bach begann auch frühzeitig mit *Pantomimen*, Mimo-Dramen, die alsbald eine solche Beliebtheit erreichten, daß das Leopoldstädter Theater wegen der drückenden Konkurrenz im Beschwerdeweg Abhilfe schaffen wollte, was aber nicht von Erfolg begleitet war. „Der Herr Vetter sieht also", schreibt der Eipeldauer, „daß aus dem Circus gymnasticus nach und nach ein Theater wird, das muß aber der brave Entreprenör tun, wenn er sein Haus weiterhin habn will, denn an den wirklich schönen Reitkünsten, wo man Pferd und Reiter bewundern muß, hat sich das wetterlaunische Publikum schon satt gsehn." Nun, die Pantomime wurde ein gravierender Bestandteil der Zirkusprogramme des 19. Jahrhunderts, ein Genre sui generis, das aus einer Symbiose von Theater und Zirkus hervorgegangen ist. Verstehen wir heute unter Pantomime eine Sprache der Gesten, eine Darstellung von Gefühlen und Handlungen nur oder überwiegend durch die Bewegung des Körpers, so ist der Begriff auch immer wieder weiter aufgefaßt worden. Er fand im zirzensischen Sprachgebrauch die weiteste Auslegung, da er auch das Manegenschaustück umfaßte, das nicht wortlos sein mußte. Ihre Erklärung fand die Vorführung lebender Bilder im Zirkus darin, daß sich die Arena besser als die Bühne für die Darbietung von Schauerlebnissen eignete. „Der Triumph der Diana", „Der Triumph des Bacchus", „Die Pilgerschaft oder Mars' und Venus' Flucht aus der Werkstätte des Vulkan" oder „Der Heldentod des Marlborough" waren beispielsweise solche Pantomimen, die ihre Stoffe im wesentlichen aus der Mythologie oder aus heroischen Geschehnissen bezogen. Die Kenntnis des dargestellten Stoffes war sicherlich bei einem Teil des Publikums nicht gegeben, und man kann durchaus die Behauptung wagen, daß dieser Teil erst durch die zirzensische Darstellung mit den mythologischen oder historischen Begebenheiten Bekanntschaft schloß. Wir finden ein Pendant in der literarischen Parodie. Das Wiener Vorstadtpublikum kannte meist das Original nicht und erwarb sich erst auf dem Umweg über die Verulkung die Kenntnis des Stoffes.

Christoph de Bach, k. k. privilegierter Kunst- und Schulbereiter, Ehrenstallmeister des herzoglichen Hauses Parma, starb am 12. April 1834 im Alter von 66 Jahren an einem Nervenfieber. Begräbnisse von Theater- und Zirkusleuten haben ihr eigenes Zeremoniell. So wurde nach der Rede des Predigers der Sarg mit den sterblichen Überresten durch das Hintertor des Circus gymnasticus hinausgetragen, wo ihn die Mitglieder der Gesellschaft auf die Schulter luden und zum Gala-Leichenwagen trugen. Die Kunstreiter setzten sich zu Pferd und schlossen sich dem Leichenzuge an, ein Schimmel, von zwei Reitknechten geführt, schritt unmittelbar hinter dem Wagen. De Bach wurde auf dem Friedhof zu St. Marx begraben, wo der mit der Zeit immer mehr verwitternde Grabstein eine Huldigung seiner Leistungen verzeichnet hatte.

In einem Aufsatz „Die große Trommel – die große Lüge" hat sich Heino Seitler mit der Erscheinung der Übertreibung im Zirkus auseinandergesetzt, der Übertreibung, um Publikum anzulocken. Er kommt darin auf die Geschichte vom verlorenen Koffer zu sprechen, eine der ältesten Geschichten aus dem Kreis des Fahrenden Volkes. Es geht darum, daß einmal auf einer Reise ein oder mehrere Koffer verschwunden oder gestohlen worden sind, Koffer, die Nachweise enthalten haben sollen. So konnte auch das Adelsdiplom von Christoph de Bach laut Vermerk des Gerichtsarchives nicht vorgezeigt werden, der Verstorbene soll jedoch, wie weiter ausgeführt wird, nach Bestätigungen des Testamentvollziehers und der Witwe, von Kaiser Franz in den Adelsstand erhoben worden sein. Ein weiterer Aktenvermerk behebt allerdings endgültig den Zweifel, denn es wird dargelegt, daß nach der bei der k. k. böhmischen Hofkanzlei eingehobenen Auskunft von einer Adelserhebung nichts bekannt ist, und ein de Bach auch in keinem Adeligenverzeichnis aufscheint. Wie Seitler ausführt, „wird es aber in der Circusgeschichte weiter de Bach heißen, wenn er auch nur so ,genannt' wurde, und die Kiste bleibt sicher für alle Zeiten verloren".

Der Circus gymnasticus überlebte seinen Schöpfer noch um 18 Jahre, *Laura de Bach*, die zweite Gattin des Verstorbenen, die als reizvolle Frau geschildert wird und besonders durch ihr Reifenspiel zu Pferd bezaubert haben soll, führte die Gesellschaft weiter, mit der sie auch ausgedehnte Reisen unternahm. 1835 finden wir eine zweite Kunstreitergesellschaft vor, und zwar die des Italieners *Alessandro Guerra*. Guerra, der ursprünglich der de Bachschen Truppe angehört hatte und Schwiegersohn de Bachs geworden war, hatte sich in der Bevölkerung wegen seines tollkühnen und mit höchster Bravour gepaarten Reitens den Beinamen „Der Furioso" erworben. Nun trat er in der Esterházyschen Reitschule im Roten Haus am Alsergrund auf, wo 1761 der kaiserliche Feldmarschall Paul Anton Fürst Esterházy eine Winterreitschule hatte bauen lassen, die wiederholt Kunstreitertruppen für ihre Darbietungen überlassen wurde. Die Gesellschaften de Bach und Guerra traten nun gelegentlich gemeinsam auf, so etwa einige Male im Belvedere, wo Wettreiten auf zwei bis sechs ungesattelten Pferden und Wettfahrten mit römischen Wagen gezeigt wurden, was ohne Zweifel eine besondere Favorisierung bedeutete, da es sich um kaiserlichen Privatbesitz handelte. Vormärz und Biedermeier waren wahrhaft glanzvolle Zeiten für den Zirkus in Wien, das diesen Glanz mit Paris, Berlin und Petersburg teilte, und während der Abwesenheit der de Bachschen Truppe diente der Circus gymnasticus einer ganzen Reihe durchreisender Kunstreitergesellschaften als Domizil. Von den großen zirzensischen Ereignissen dieser Zeit sei das Gastspiel des Cirque de Paris unter Direktion von Cuzent und Lejars 1845 genannt, das in einem eigens erbauten Gebäude im Prater stattfand. Zeitgenossen berichten u. a. von der überaus großen Eleganz und Schönheit der Darbietungen des reiterischen Genres, die offensichtlich so sehr Gesprächsstoff gebildet haben, daß die Wiener Porzellanmanufaktur Figuren danach herstellen ließ.

Es ist interessant, daß der Circus de Bach auch gemeinsam mit *Stuwer* auf dem Feuerwerksplatz im Prater Vorstellungen gegeben hat, weil hier eine große Tradition des Barock im 19. Jahrhundert geübt wurde. Fast zweihundert Jahre früher, nämlich 1667, war von Ludovico Burnacini sein berühmtes Roßballett im Inneren Burghof der Wiener Hofburg inszeniert worden, ein Freudenfest zu Pferde, wo Burnacini als theatralischer Herr über Tier und Mensch und als Meister der Wasserkünste und der Feuerwerke seine rauschhaft barocke Phantasie entfaltet hatte. Nun waren Elemente dieser barocken Festlichkeiten wieder vereinigt. Die Feuerwerke, die seit 1771 im Prater gegeben wurden, waren von einem höfischen zu einem volkstümlichen Vergnügen geworden.

Von den Gastspielen im Circus gymnasticus sei noch das der Familie Rappo im Jahre 1848 genannt, da hier nämlich lebende Bilder gebracht wurden, die u. a. auch Themen der Gegenwart Tribut zollten. Solche Darstellungen waren z. B. „Das Freiheitsopfer" oder „Das Pressegesetz"; so könnte man die Zirkuspantomime als einen Vorläufer der Kinowochenschau ansehen.

1852 schlug für den Circus gymnasticus die Todesstunde. Das Zirkusgebäude war im Lizitationswege verkauft worden, und es bestand auch der Plan, das Gebäude renovieren zu lassen. Daraus wurde allerdings nichts, die Demolierung wurde verfügt. Ein wesentliches Kapitel der Zirkusgeschichte Wiens fand damit seinen Abschluß. Das Zirkusleben selbst erlitt durch die Kassierung des Gebäudes keine Einbuße, und die Feuerwerkswiese, wo bereits 1851 von dem Athleten Toldy Janos, einem ehemaligen Mitglied der Kunstreitertruppe Beranek, ein Zirkus erbaut wurde, bildete nun die Stätte, wo durch viele Jahre die zirzensische Kunst weiterblühte.

III

DIVERSIFIKATION UND DEMOKRATISIERUNG
DER ZIRKUS RENZ

Der Name, der zum Inbegriff des Zirkus im 19. Jahrhundert und auch weit hinein ins 20. Jahrhundert wurde, ist der des Zirkus Renz. *Ernst Jacob Renz,* der 1815 im Landkreis Heilbronn als Sohn des Seiltänzers Cornelius Renz geboren wurde, war schon zu seinen Lebzeiten eine legendäre Figur, um die sich ein Kranz von Anekdoten schloß. Sich bei Renz zu treffen gehörte geradezu zum guten Ton, und für diejenigen Kreise, die in den Hoftheatern eine ständige Loge besaßen, war es verpflichtend, auch bei Renz eine Loge zu haben.

Der Lebensweg von Ernst Renz begann im ärmlichen elterlichen Domizil, das er als Sechsjähriger verließ, um zu dem Seiltänzerprinzipal Maxwell als Eleve zu stoßen. Renz war besessen von der Idee, dem Zirkus zu höchstem künstlerischen und gesellschaftlichen Ansehen zu verhelfen. Sein Werdegang kann geradezu als symbolisch für die Geschichte des Zirkus betrachtet werden. Aus dem Nichts heraus kam Renz' Unternehmen zu seiner Blüte, verschwand dann und machte anderen Unternehmen Platz, so wie sich das so oft totgesagte Phänomen Zirkus immer wieder wie ein Phönix aus der Asche erhoben hat.

Nach seiner Seiltänzerlehrzeit kam Ernst Renz zur weiteren Ausbildung zu Christoph de Bach nach Wien und trat dann nach kurzer Zeit in die Zirkusgesellschaft *Brilloff* ein, die als renommiertes Unternehmen durch die deutschen Lande reiste. Als Brilloff 1842 starb, übernahm Renz einen Teil der Requisiten, ein paar Wagen und ein paar Pferde, und legte damit den Grundstein zu seinem Unternehmen. Seine Reisegefährten waren Personen, deren Namen später in der Zirkuswelt einen bedeutsamen Klang haben sollten, wie Albert Salamonsky und der der Brüder Wilhelm, Carl und Bernhard Carré, und nachdem sich die Wege der Freunde getrennt hatten, Gotthold und Gustav Schumann.

Das Unternehmen begann zu wachsen, und 1846 konnte sich Renz mit seinem „Cirque equestre", wie er ihn nannte, erstmals nach Berlin wagen, wo er in der Königstädtischen Reitbahn vor dem Brandenburger Tor gastierte. Renz kam des weiteren immer öfter nach Berlin, das das Hauptzentrum des Zirkus werden sollte, und kristallisierte sich allmählich zum führenden Unternehmen heraus. Über den Konkurrenzkampf mit *Dejeans* französischem „Cirque national" in den Saisons 1850/51 und 1851/52 ist viel publiziert worden; es war ein Zirkuskrieg, der in der Publicity letztlich als der Kampf eines deutschen Landsmannes gegen einen Ausländer hingestellt wurde und an die nationale Ehre des Deutschen appellierte. Inwieweit der Sieg von Renz, der die Rückkehr der Franzosen nach Paris mit sich brachte, auf den Lokalpatriotismus, und inwieweit er auf die tatsächliche Resonanz beim Publikum zurückzuführen war, wurde unterschiedlich beurteilt. Halperson vertritt in seinem „Buch vom Zirkus" die Meinung, daß Dejeans Leistungen jenen von Renz in puncto Aufmachung und wohl auch in der Zusammenstellung des Ensembles, dessen namhafteste Mitglieder in der Folgezeit Engagements bei Renz nahmen, überlegen waren und daß eben der Ausländer letztlich den schwereren Stand hatte. Kusnezow hat in seinem „Zirkus der Welt" das Jugendlich-Beschwingte der Vorstellungen von Renz gegenüber der erdrückenden Schwere des strengen französischen Stils der Romanischen Schule, wie sie bei Dejean dominierte, hervorgehoben. Er hat auch auf die soziologischen Ursachen der Durchschlagskraft des Renzschen Unternehmens hingewiesen, im besonderen darauf, daß sich Renz als erster großer Zirkus nicht mehr vordergründig auf Adel und Militär, sondern auf das erstarkte Bürgertum stützte. Obgleich Renz französische Vorbilder noch lange Zeit hindurch nachahmte und Ankündigungen und Programmzettel inmitten des deutschen Textes mitunter ganze Phrasen in Französisch enthielten (ein Charakteristikum des Zirkus jener Zeit überhaupt), so löste er sich doch vom Überfeinerten, von der ausgesuchten Stilisierung des Französischen, die schon durch Erstarrungs- und Deformationstendenzen gekennzeichnet war. Die alte Kunstreitertradition, die in den Ankündigungen zwischen dem hohen Adel und den verehrungswürdigen p. t. Bewohnern einer Haupt- und Residenzstadt unterschied, hatte Renz als mehr oder minder reine Äußerlichkeit in seiner persönlich konservativen Art gleichwohl beibehalten.

In Wien wurde 1853 von den Architekten May und Schebeck das *Zirkus-Renz-Gebäude* in der danach benannten Zirkusgasse errichtet, das 1883 nach den Plänen des Architekten O. Laske eine Umgestaltung erfuhr. Der Zirkus hatte 3559 Sitzplätze, um die Manege folgte aufsteigend das Parterre, daran schlossen sich die Logen und zwei Ränge. Neben seinem Berliner und seinem Wiener Zirkusgebäude hatte Renz noch in Hamburg und in Breslau feste Zirkusbauten, die während des Jahres etappenweise bespielt wurden, abgesehen davon, daß Renz bis in die achtziger Jahre hinein auch andere Städte und Länder bereiste.

Renz brachte für die damalige Zeit eine nie geahnte Vielfalt des zirzensischen Repertoires – das Charakteristikum des Zirkus der zweiten Hälfte des 19. Jahrhunderts überhaupt. Neben dem equestrischen Fach kam es zu einer weiten Auffächerung der gymnastischen Disziplinen, teils aus dem Zirkus selbst heraus geboren, teils als Anleihe des Jahrmarktes, wo es diese Attraktionen schon seit langem gegeben hatte, die nun auch in den Zirkus Eingang fanden.

Die *Luftgymnastik,* die sich gegen Ende der ersten Hälfte des 19. Jahrhunderts einbürgerte, ist in enger Verbindung mit der Entwicklung der Körperkultur entstanden, die im Leben des Bürgers eine nicht unbedeutende Rolle einzunehmen begann. Obgleich auch die Ansicht vertreten wurde, daß die Trapezkunst aus dem Seiltanz hervorgegangen ist, ist man überwiegend der Meinung, daß sie aus den Turnsälen und nicht von den Jahrmärkten her kam. Aber auch auf anderen Gebieten wirkte der Aufschwung des Sportes befruchtend auf die Artistik und schuf neue akrobatische Genres (z. B. die Fahrradartistik oder die Reckakrobatik) oder half bestehenden zum großen Durchbruch (z. B. der Parterreakrobatik).

Einen sehr wesentlichen Schritt zur Erweiterung des Zirkusprogrammes brachte sodann die *Dressur exotischer Tiere,* die im Zirkus in der zweiten Hälfte des 19. Jahrhunderts immer mehr Fuß zu fassen begann. Ein Novum an sich war sie ja bekanntlich nicht, denn dressierte Tiere gab es schon bei den seit Jahrtausenden die Länder durchwandernden Gauklern, und im Zuge des Aufkommens der Wandermenagerien im 17. und noch mehr im 18. und 19. Jahrhundert brachte man auch verschiedentlich dressurmäßige Vorführungen.

Thomas Batty gilt vielfach als der erste Dompteur, der den Schritt von der Menagerie in die Manege tat und 1863 bei Renz debütierte. Die Raubtierdressur steckte damals noch völlig in ihren Kinderschuhen, man bewunderte primär den mutigen Mann, der sich zu den „Bestien" hineinwagte, und wunderte sich, daß die Tiere nicht über ihren Dompteur herfielen und ihn zerfleischten. Battys Nummer fand wie alle Dressuren von Raubtieren der damaligen Zeit im Wagenkäfig statt; der zerlegbare, in der Manege aufzustellende Rundkäfig kam erst gegen Ende des Jahrhunderts auf. Der Wagenkäfig, ein rechteckiger Wagen mit Gitterseiten, wurde in die Manege geschoben und Batty kletterte in bunter Tracht zu seinen sechs Löwen hinein. Seine ganze „Dressur" bestand darin, daß er die Löwen, nachdem sie durch Schreckmittel scheu gemacht worden waren, im Käfig herumtrieb. Dabei wurden von außen Barrieren hineingeschoben, die die knurrenden und fauchenden Löwen zwangsläufig übersprangen. Batty stand schließlich beim Ausgang, feuerte überflüssigerweise einige Schüsse aus einem Karabiner ab und zog sich durch einen Vorhänge-Sicherheitskäfig zurück. Für das Publikum war es eine richtige Sensation, es raste und genoß das Aufregende der „wilden Dressur". Das

1 *Hetz-Amphitheater in Wien. Stich von A. Sommer, 1790.*

Folgende Seiten:

2 *Vorführung im Hetztheater. Stich von A. Sommer, 1790.*
3 *Christoph de Bach. Lithographie von Schrötter. Um 1825.*
4 *Reitvorführung im Zirkus Renz. Ernst Renz; Mlle. Adeline Hauptmann-Karst; Mme. Tourniaire; Käthchen Renz. Lithographien von E. Kaiser, 1853.*

Christoph de Bach.

k. k. privil Kunst u. Schulbereiter
und Ehrenstallmeister des herzogl. Hauses von Parma

Beispiel machte Schule und rief eine ganze Reihe von Dompteuren auf den Plan.

Die Artisten rissen sich um ein Engagement bei Renz, und was so im Laufe der Zeit zusammenkam – an Reitern und Reiterinnen, an Akrobaten der verschiedensten Disziplinen, an exotischen Menschen und exotischen Tieren und an Clowns –, hat 1896 anläßlich des 50jährigen Bestandes des Zirkus in Berlin eine ansehnliche Festschrift gefüllt. Zahllose Künstlernamen sind daher folglich mit dem von Renz verknüpft und wir nennen im folgenden nur einige wenige aus einem einzigen Gebiet, dem der *Clownerie:*

Wilhelm Qualitz, der prägnanteste Vertreter der deutschen Bajazzo-Figur, soll als ängstlicher Schlittschuhläufer von großer Komik gewesen sein. Einer seiner Späße wurde sehr belacht; für unsere Zeiten erscheint er eher infantil – vielleicht lag es an der vis comica des Künstlers: Qualitz nieste laut, sagte darauf Helfgott und bedankte sich anschließend bei sich selbst.

Stonette, als „Shakespearer" ein Typus des educated clown (im Unterschied zum funny clown, der mit simplen Mitteln versuchte, die Lacher zu gewinnen), der ein grünes Trikot mit weißen Pelzstreifen am Hals und an der Taille trug und auf dem Kopf ein Barett mit einer mephistophelischen Hahnenfeder, stellte sich auf einem Tisch in Positur und trug Parodien wie z. B. Hamlets Geist vor. Er improvisierte im Kontakt mit dem Publikum, liebte politische Andeutungen, in denen er seinen Wortwitz spielen lassen konnte, musizierte auf exzentrische Weise wie z. B. auf einer einsaitigen Geige, die er auf dem Rücken hielt, und schloß geradezu wunderbar dressierte Hunde in seine Darbietungen ein.

Little Wheale, der auch zu den „Shakespearern Jesters" zählte, wurde vor allem mit seinen geistreichen Hamlet-Parodien berühmt. Er tanzte graziös auf Stelzen und auf seinen Händen, balancierte eine Straußenfeder auf der Nasenspitze oder brillierte durch 100 Rückwärtssalti, die er hintereinander ausführte.

Tom Belling wird vielfach als der Kreator der Figur des dummen August bezeichnet. Über dessen Entstehungsgeschichte existieren gleichwohl verschiedene Ansichten. Am häufigsten ist vielleicht die Version zu finden, daß Belling, bei einem Berliner Engagement vom strengen Prinzipal zu Garderobearrest verurteilt, sich in seiner Langeweile oder unglücklichen Stimmung als verwahrloster Stallmeister in schlecht sitzendem Frack, struppiger Perücke und roter Nase herausstaffiert habe und in dieser Aufmachung vom alten Renz, der intuitiv die Wirkung dieser Verkleidung erahnte, in die Manege gejagt worden sei, wobei von der Galerie der Ruf „Aujust!" erscholl. Aus dem Zufall und der Improvisation wurde ein fixes Entrée geboren. *Carl Godlewski* feierte als Soloclown, aber auch als Mimiker in den Pantomimen große Triumphe. Als Springmeister machte er Furore, als er vom Trampolin über 16 Pferde und eine lebende Pyramide von neun Menschen sprang, im besonderen aber, als er seinen Riesenluftsprung über die Elefanten des Mr. Thompson setzte. (Der riesenhafte Neger Ephraim Thompson hat übrigens, angeblich zum ersten Male, einen Elefanten in der Hohen Schule geritten.) Godlewski hat dann nach dem Tode des alten Renz als Tänzer, Mimiker und schließlich Ballettmeister die Manege mit der Bühne der Wiener Hofoper vertauscht.

Zu einem Markstein in der Programmstruktur wurde bei Renz die *Zirkuspantomime,* und in den achtziger Jahren verfügte er über ein Hausballett, das etwa 100 Tänzer und Tänzerinnen umfaßte. Wenn auch noch heute gelegentlich der Satz hingeworfen wird: „Das ist ein klassischer Zirkus à la Renz", so muß man dies als einen Irrtum bezeichnen, denn ein heutiges zirzensisches Programm, das aus einer Mischung von Artistik, Dressur und Clownerie besteht, gab es in dieser Form bei Renz nicht. Die zirzensischen Darbietungen im heutigen Sinne nahmen oft den kleineren Teil des Programmes in Anspruch; den Hauptteil bildete die große Pantomime bzw. das spätere Ausstattungs-Manegestück. Diese Darbietung würden wir heute als Parodie auffassen, oder wir würden uns darüber lustig machen.

Der Begriff „klassischer Zirkus" hat also im Laufe der Geschichte ständige Veränderungen erfahren; Attraktionen, die von vielen seinerzeit als Fremdkörper empfunden wurden, wie z. B. die dressierten Raubtiere oder die Elefanten, werden heute im Mittel- oder Großzirkus einer Reihe von Ländern als Selbstverständlichkeit erwartet, und ihr gelegentliches Fehlen wird von einem Teil des Publikums als Manko verbucht.

Die Stoffwahl der Zirkuspantomime war weit gespannt, sie umfaßte die Mythologie, die Heldensage und die dramatisierte Historie, sie adaptierte das Märchen und bezog Sujets aus der Tragödie und der Oper, sie stützte sich auf Tagesereignisse und schuf auch Originalleistungen ihrer Szenarienschreiber. Es gab mit riesigem Pomp entfaltete Ausstattungspantomimen, wie überhaupt die Anzahl der Mitwirkenden meist sehr beachtlich war und oft Hunderte von Personen, Dutzende von Pferden usw. umfaßte. Wiederholt war schlechthin das gesamte Ensemble eingesetzt – es gehörte ja zu den Verpflichtungen eines Artisten, nicht nur in seiner Nummer aufzutreten, sondern auch in der Pantomime mitzuwirken. In ihren oft romantisch-legendären oder märchenhaft-phantastischen Handlungen hat die Zirkuspantomime viel vom Abenteurerfilm vorweggenommen, und von ihrer enormen Publikumswirksamkeit kann man sich heute nur mehr schwer eine Vorstellung machen. Von den bei Renz gespielten Pantomimen seien genannt: „Großes chinesisches Fest zu Ehren des Kaisers von China Kia-King", „Eine Nacht in Calcutta", „Karneval auf dem Eise", „Julius Cäsar", „Der Rattenfänger von Hameln", „Im dunklen Erdteil".

Man kam auf das Sujet der Märchenpantomime, als sich das Kinderballett im Theater mehr zu verbreiten begann und der Zirkus in immer stärkerem Maße auch zur *Unterhaltungsstätte der Kinder* wurde. Nun gab es etwa „Aschenbrödel" oder „Schneewittchen", und der alte Renz wußte sehr gut, was es geschäftlich bedeutete, Kinderwünsche zu erfüllen. Den größten Erfolg auf dem Gebiet der Pantomime erzielte Renz aber mit den „Lustigen Heidelbergern", einer Lobpreisung der alten

Burschenherrlichkeit, mit einem Studenten als wichtigem Protagonisten, der in einem Zug ein riesiges Glas Bier austrank (was im übrigen ein Eskamoteurtrick war).

Auch in anderen Zirkusunternehmen erblühte die Pantomime, und so seien im folgenden noch einige Beispiele aus der Wiener Zirkusgeschichte herausgegriffen. Im *Zirkus Suhr,* der 1864 nach Wien kam (und in dessen Gefolge sich auch der Löwendompteur *Hermann Präuscher* befand, der nachmalige Begründer des international bekannten Präuscherschen Panoptikums und Anatomischen Museums), wurde beispielsweise „Robert der Teufel" gegeben, eine Verpflanzung des Stoffes der Meyerbeerschen Oper, die an sich schon mit großen Bühneneffekten und gewaltigen Massenszenen ausgestattet ist, in den Zirkus. Weiters „Mazeppa", eine Pantomime, die von zahlreichen Zirkussen der Zeit in ihr Repertoire aufgenommen wurde; der darin vorkommende wilde Ritt versetzte das Publikum meist in Raserei. (Der Kosakenhetmann wird während einer Liebesstunde mit einer verheirateten Frau aufgegriffen und auf ein wildes Pferd gebunden, das in die Steppe hinausstürmt.) Ferner die alten Abenteuerpantomimen „Die Räuber in den Abruzzen" oder „Die Wilddiebe". „Robert der Teufel" mit der Musik von Meyerbeer wurde als Ballettpantomime auch im Zirkus Oscar Carré gegeben, der auch „Macbeth" mit der Verdischen Musik als Mimodrama herausbrachte. Carré, der königlich niederländische Zirkus, war übrigens ein großer Konkurrent von Renz geworden und hatte im Prater sein eigenes elegantes, gegen 6000 Personen fassendes Zirkusgebäude errichtet.

War Renz auch an allen Novitäten interessiert, obwohl er manches contre cœur und nur aus geschäftlichen Gründen mitgemacht hatte, so blieben die *Pferde* doch das Kernstück seines Zirkus. In seiner Glanzzeit besaß Renz an die zweihundert Pferde, stolze Schönheiten, schillernd in allen möglichen Farben, von den schwarzen Rapphengsten bis zu den schneeweißen Lipizzanern, grauweiß getönte Araber, goldblonde ungarische Hengste, andalusische Falben, braunweiße Porzellanschecken und schwarzweiß getüpfelte Hermelinpferde, Trakehner, Hannoveraner, Shetland-Ponys und vieles andere mehr. In besonderen Boxen standen die Lieblinge des Prinzipals, die Schulpferde, die aus den berühmtesten Gestüten der Zeit stammten; manche von ihnen waren Geschenke von regierenden Monarchen und Mitgliedern der Hocharistokratie. Wenn der alte Renz durch die Stallungen ging, dann rief er seine Lieblinge mit Namen an und prüfte das Futter und die Streu und kratzte hin und wieder mit einem Groschenstück durch eine Abflußrinne, und wehe dem Stallburschen, wenn dabei ein bißchen Unrat kleben blieb. Renz hielt eiserne Disziplin – mit Tabak- und Alkoholverbot – in seinem Unternehmen, er war ein gewaltiger, hochverehrter, aber auch gefürchteter Herrscher in seinem Imperium, das er von seinen ersten Anfängen bis zu seiner glanzvollen Blütezeit nach patriarchalischen Grundsätzen führte. Die Gestaltung der Programme, deren Durchführung er von seinem Sitz aus genau überwachte, lag immer in seinen Händen, und bis in das hohe Alter hinein stand er selbst als bedeutsamer Schulreiter und Pferdedresseur in der Manege; der tägliche Wechsel des Programms war damals obligat, das Monats- oder Saisonprogramm kam erst überwiegend um die Jahrhundertwende auf.

Die Familie Renz hat im Laufe der Jahre eine Reihe von Mitgliedern als ausübende Künstler durchwegs großer Qualität dem Institut, wie Renz sein Unternehmen nannte, gestellt. Die größte Popularität erreichte vielleicht *Käthchen Renz,* die Nichte des Prinzipals und sein besonderer Liebling, die als Primadonna zu Pferde hoch gefeiert war. Zum größten Schmerz ihres Onkels wurde sie von ihrem Geliebten, einem französischen Gymnastiker, entführt, sie flohen nach Frankreich, wo sie einen Zirkus gründeten, mit dem sie jedoch erfolglos waren. Die Erinnerung an Käthchen lebte jedoch im Publikum noch lange fort. Es war ja überhaupt die Zeit, in der Kunst- und Schulreiterinnen wie heute Film- oder Schlagerlieblinge verehrt wurden, sie waren das erotische Idol schlechthin, und ihre Bilder wurden wie die Fotos heutiger Stars gesammelt. Sie entzückten die Dichter und inspirierten sie zu feurigen oder melancholisch-schwärmerischen Ergüssen, und in ihren Garderoben häuften sich Blumensträuße und Briefe. Das Pferd, im großen und ganzen bis dato dem Manne vorbehalten, war nun zum Schlagzeilen machenden Gebiet der Frau geworden, die durch die Eleganz des Schulreitens und durch die Kühnheit der Voltige, des Jockey- oder Parforcereitens bestach. Pauline Cuzent, Käthchen Renz, „La Belle Kénébel“, Mlle. Adeline, Mme. Tourniaire, und wie sie alle hießen, jede einzelne hatte ihre Bewunderer, die fanatisch für sie Partei nahmen. Zahlreiche Kunstreiterinnen wurden von Aristokraten geheiratet, wurden Baronessen und Komtessen, es gab berühmte und jahrelang beklatschte Liebesaffären, und eine Frau konnte fast sicher sein, eine „gute Partie“ zu machen, wenn sie Kunstreiterin war. Aber auch die Zirkusdirektoren trafen wiederholt ihre Eheanbahnungen unter dem Gesichtspunkt, daß das Publikum nach Kunstreiterinnen verlangte.

Als Ernst Jacob Renz 1892 in Berlin gestorben war, war es seinem Sohn Franz nur fünf Jahre vergönnt, das Unternehmen weiterzuführen. Schwere Schicksalsschläge wie der Ausbruch der Cholera in Hamburg und eine erhebliche Erkrankung des neuen Prinzipals, die immer stärker werdende Konkurrenz des Zirkus Busch in Berlin und fehlgeleitete Spekulationen waren wohl die wesentlichsten Momente, die 1897 zur Schließung des Zirkus Renz führten. Der Enkel des alten Renz, Ernst, erwarb nach der Liquidation die letzten Reste der Gesellschaft, machte aber schon 1899 in Brüssel endgültig bankrott.

Am 12. März 1898 fand im Zirkus-Renz-Gebäude in Wien eine „große Equestrische Akademie“ zugunsten der Errichtung eines Künstlerheimes für invalide Bühnenmitglieder Österreichs, der Genossenschaft deutscher Bühnenangehöriger und des Vereins deutscher Bühnenmitglieder Österreichs statt. Das war eine Manegen-Gala, so wie wir sie heute beispielsweise aus dem cirque d'hiver in Paris oder dem Zirkus Krone in München kennen, wo beliebte Künstler zu Wohltätigkeitszwecken im Zirkus auftreten. Damals versuchten sich neben dem Enkel Ernst Renz und seiner Frau Mitglieder der verschiedenen Wiener Bühnen als Artisten, und sie kamen u. a. aus dem Hofburgtheater und der Hofoper, aus dem Theater in der Josefstadt und dem Theater an der Wien, dem Deutschen Volkstheater, dem Carltheater und dem Raimundtheater. So konnte man in dem 21 Nummern umfassenden Programm etwa Hansi Niese als Clown mit einem Boxerhund, Otto Tressler in einem komischen Intermezzo zu Pferd, Adele Sandrock, ein arabisches Vollblutpferd vorführend, oder Mitglieder des Hofopernorchesters als Musikalexzentriker bewundern. Carl Godlewski inszenierte „Die schlimmen Buben in der Manege", es gab u. a. auch eine Parodie auf „Die Räuber" und eine große militärische Evolution, vom Ballettmeister der Hofoper, Hassreiter, mit der Musik von Josef Bayer, arrangiert.

Zirkus Renz hörte zu existieren auf, das Renz-Gebäude aber spielte auch im folgenden Jahrhundert in der Wiener Zirkusgeschichte als Heimstatt verschiedenster Unternehmungen eine bedeutsame Rolle, bis es 1944 durch Bomben zerstört wurde.

IV

VOM SPEZIALITÄTENETABLISSEMENT
ZUM VARIETÉ

Es ist nicht bekannt, wann und von wem der Name *Varieté* erstmals im deutschen Sprachraum eingeführt worden ist. In seinen Urformen reicht das Varieté bis in die Anfänge der geschichtlich verbürgten Nachrichten über Gauklerkünste zurück, und schon im 5. Jahrtausend sind in Ägypten Vorstellungen nachgewiesen, die ihrem Charakter nach weit eher dem eines Varietés als dem eines Zirkus entsprachen. Vazierende Musiker, Sänger, Tänzer und Akrobaten zeigten ihre Künste bei den Gastmählern der Reichen, und im besonderen wurde das Jonglieren mit Bällen geübt, eine Domäne des weiblichen Geschlechtes, was aus Abbildungen auf Vasen, in Grabgrotten und dergleichen ersichtlich ist.

Die Geschichte des Varietés im deutschsprachigen Raum ist von der im französischen oder englischen verschieden, doch zeigen sich weitgehend Parallelen. Im deutschsprachigen Raum waren im 19. Jahrhundert vielfach die *Singspielhallen* die Ausgangsbasis, in denen jedoch kaum Singspiele aufgeführt wurden, sondern die Volkssänger mit ihren sentimentalen Liedern und Gassenhauern, ihren Gstanzln, die Akteure waren. Die Singspielhallen wurden dann allmählich um artistische Produktionen verschiedenster Art erweitert und dergestalt zu Spezialitätentheatern umgeformt. Als man dann im wesentlichen in der zweiten Hälfte des 19. Jahrhunderts dazu überging, Bühnen zu bauen, die der weitgehenden Entfaltung der verschiedenen artistischen Genres Raum boten, bürgerte sich der Name Varieté mehr und mehr ein.

Eine Parallele ist in der Entwicklung der englischen *Music-halls* gelegen, deren eigentliche Geburtsstunde im Jahre 1852 in London in einer kleinen Spelunke schlug. Hier hatten sich die Kneipenbesucher schon des öfteren zum gemeinsamen Singen der alten Folk-songs zusammengefunden, und hiebei auch den einen oder anderen Kollegen bewundert, der sie mit Solovorträgen, mit Späßen, Zauberkunststücken und dergleichen unterhielt. Als das Gegröle mit der Zeit zu laut geworden war, hatte man die Schar in ein Hinterzimmer verbannt, wo bald eine kleine Bühne installiert und auf diese Art ein Theater des kleinen Mannes geschaffen wurde. Das war der bescheidene Anfang, dem allmählich die luxuriösesten Gebäude nachfolgen sollten, die London zur Stadt der Music-halls machten; bunte Varietéprogramme mit besonderer Betonung des Chansons gingen dort über die Bühne.

In Frankreich liegt der Ursprung des Varietés in den ersten Anfängen des 19. Jahrhunderts im *Café chantant,* das dann etwa um die Jahrhundertmitte von dem schon exklusiveren *Café concert* abgelöst wurde. Die Café concerts begannen mit der Zeit ihre Programme auszubauen und den Artisten aller Genres ihre Tore zu öffnen; das Entstehen des Cabarets mit seinem berühmten Erstling, dem „Chat noir" am Fuße des Montmartre, und das der bekannten Pariser Revuetheater sind die weiteren Marksteine, um so mehr als zwischen dem Varieté, der Revue und dem Cabaret nicht nur in Frankreich, sondern auch anderwärts weitgehende Überschneidungen bestanden.

Die gemeinsame Wurzel lag also überall im Gesanglichen, im Musikalischen, das dann um andere Produktionen vom Theater, vom Zirkus, vom Jahrmarkt erweitert wurde. Wir müssen hervorheben, daß sich zwischen dem Varieté und dem Zirkus ein wechselseitiger Prozeß des Gebens und Nehmens in Gang setzte und sich daher bei aller Verschiedenheit der beiden Vergnügungsstätten eine Verwandtschaft herausbildete.

Der Raum, den das Varieté umschloß, war wahrhaft weitläufig. Er reichte von den armseligen, verräucherten Kneipen und matt beleuchteten Schenken, über deren Portal eine einsame rote Laterne baumelte, bis zu den sich an Luxus überbietenden Varietéetablissements, manchmal Palästen ähnlich, in denen sich tout le monde ein Stelldichein gab; seine Spannweite erstreckte sich von bedauernswerten Gauklern, die mit dem Teller absammeln gingen, bis zu Künstlern, die zu Idolen von Millionen wurden.

Die Geschichte des Varietés in Wien ist von einer im Detail kaum überschaubaren Vielfalt, so daß im folgenden nur einige Marksteine verzeichnet und Tendenzen aufgespürt werden sollen.

Ende der zwanziger Jahre des vorigen Jahrhunderts wurde in der Brigittenau das *Colosseum* errichtet, das ursprünglich ein vornehm ausgestatteter Tanzsaal mit diversen Nebenräumlichkeiten war. Anfangs nur geschlossenen Gesellschaften dienend, machte man es später der Allgemeinheit zugänglich und funktionierte es zum Unterhaltungslokal um. Als solches wurde es unter dem Namen *Universum* 1834 eröffnet und durch die Verschiedenartigkeit seiner Belustigungen bald sehr beliebt. Von abends bis morgens konnte man hier die „großen brillanten Festivitäten" genießen, „internationale Künstlervorstellungen" und „Costümfeste", und konnte sich ins „Japanische" oder ins „Altdeutsche", in den Türkischen Saal oder in den Rendezvous-Saal, ins „Gemütliche", in die Tropfsteingrotte oder die Wurzen-Höhle, in die Kegelbahn, auf die Terrasse oder in die Laube zurückziehen. Das Brigittenauer Colosseum wurde 1842 geschlossen, das Gebäude 1865 demoliert. Auf seinem Platz wurde der Nordwestbahnhof erbaut.

Zwei Jahre vor Schließung des Colosseums, also 1840, hatte ein anderer Vergnügungsort seine Pforten geöffnet, das *Neue Elysium* in der Johannesgasse, das von dem Kaffeesieder Daum und dem Gastwirt Grader ins Leben gerufen wurde. „Neu" hieß es, weil Daum und Grader schon 1833 den Seitzerkeller, groß ausgedehnte Räumlichkeiten unter dem Seitzerhof in der Tuchlauben, als Vergnügungslokal unter dem Titel „Elysium" ausgestattet hatten, wo u. a. die bekannten „Schwarzen Redouten", Maskenbälle, die sich großer Anziehungskraft erfreuten, abgehalten wurden.

Das Neue Elysium war mit großem Luxus ausgestattet und bot

verschiedenste Schaustellungen. Im Programmheft aus der Saison 1859/60 heißt es:

„Heissa! juheissa! didldum! so sind wir im Elysium,
Dem Ort voll Heiterkeit und Wonne, wo das Gas noch heller
als die Sonne,
Wo fünf Welttheile im Kleinen sich zur großen Pracht
vereinen,
Wo Kunst und Musik in reicher Zahl vergessen machen des
Lebens Qual!
Ja nach einem solchen Orte lechz' ich,
Und das Ausbleiben das rächt sich."

Im Programmtext geht es dann weiter: „Wer wird erst den Narren machen, und in den Koffer packen seine sieben Sachen, um die Welt zu bereisen! Um auf der Post, dem Wasser, der Bahn von Eisen, den Sieg des Katarrhs zu beweisen, und sich von Weißen und Mohren, hübsch hauen zu lassen über die Ohren? Da lob ich mir mein Elysium in Wien, da ziehen wir alle kommod dahin, und sehen für kleines Geld die ganze große Welt . . ."

In einer Zeit wie dem 19. Jahrhundert, in der das Reisen in ferne Länder meist noch eine eher beschwerliche Angelegenheit war und im Vergleich zu heute auch nur von einer relativ kleinen Minderheit ausgeübt wurde, war es besonders attraktiv, die „fernen Länder" nach Hause zu bringen, und die Vergnügungsetablissements trachteten daher, dem Besucher wiederholt die Möglichkeit zu bieten, sich risikolos in „exotische Welten" entführen zu lassen.

Im „Asien" des Elysiums marschierte man unter Walzer-, Marsch- und Quadrilleklängen durch die Grotte der Korallen, und schritt durch das persische Portal, um die kleinen Neger zu sehen, die einem den „Gold-Chiosk" erschlossen. Dann schaukelte man nach den „Takteswellen" zum Kristallpalast von Sydenham, um schließlich in Europa zu landen. Vom Bildersaal zum Burghof an der Rieseneiche über den Moarhof auf der Bleamelwiesen, wo „Jodeln und Geigen, wöllen nimmer mehr schweigen", wurde man in den Tanzsaal bugsiert, wo ein Automaten-Orchester spielte, „nie noch gehört und gesehen, so lange noch Tanzsäle auf Erden bestehen". Wer vom Tanzen verschnaufen wollte, brauchte nur in den nächsten Erdteil zu gehen, nach Afrika, wo sich die große Produktions-Arena auftat. Das zitierte Programm nennt eine Galerie mythologischer plastischer Bilder, dargestellt von zwölf Damen; ikarische Spiele; herkulische akrobatische Darstellungen mit 100pfündigen Gewichtern, produziert von Herrn Markulus; den Wiener Kautschukmann, Herrn Novak, mit seinen staunenswerten Glieder-Verrenkungen; lebende Bilder, und zwar Marmor-Tableaus nach Gedichten von Schiller; optische Darstellungen durch Nebelbilder und Kaleidoskop; eine Doppelproduktion zweier Magier und mimische Tableaus, dazu noch Musik-Chöre und Orchester verschiedener Provenienz, von Beduinen bis zu Steirern. Wer die Produktionsarena verließ, den verschlug es von Afrika nach Amerika, wo er sich u. a. im Tempel des Neptun bei Springbrunnen und Goldfischen „die innere Glut benehmen lassen konnte".

Manche Etablissements dieser Zeit stellen eine Kombination dar von Varieté (oder wie es eben noch hieß: Spezialitäten-theater), Redoute, Schlemmerlokal und Ausstellung, die an ein Panoptikum erinnert. Scherz, Satire und Ironie verbanden sich mit viel Naivität, einer Naivität von jenem seltsamen Reiz, der sowohl durch den Intellekt als auch durch das Sentiment ausgelöst wird; wir sehen Kitsch von so hoher Perfektion, daß wir ihn heute als Poesie empfinden und versucht sind, nach seiner tieferen Bedeutung zu forschen.

Etablissements schlossen ihre Pforten, und das lag fast immer in persönlichen Gründen der Unternehmen, und andere öffneten die Pforten, weil neue bewegende Geister auf den Plan getreten waren. So mußte 1864 auch das Elysium schließen, und das k. k. privilegierte *Harmonietheater* wurde 1866 in der Rossau eröffnet. Es war nach Plänen von Otto Wagner erbaut worden und kündigte Operette, Lustspiel, Posse, Scherz und

Schwank als seine Aufgabe an. Hier trat Anzengruber unter dem Namen Gruber auf, und Karl Millöcker besetzte das zweite Kapellmeisterpult. In die Lokalgeschichte ist es freilich unter einem anderen Namen eingegangen, dem von *Danzers Orpheum*. In der zweiten Hälfte des 19. Jahrhunderts schossen ja in der österreichisch-ungarischen Monarchie Orpheen und Kolosseen geradezu aus dem Boden, und Eduard Danzer brachte nun das zum Orpheum umgestaltete Harmonietheater als Varietébühne zu großer Blüte und setzte internationale Maßstäbe, die auch von seinen verschiedenen Nachfolgern gehalten wurden.

Akrobatische Evolutionen, Verwandlungs-Excentriques, Reckartisten, Kopfequilibristen, arabische Springer, japanische Jongleure, Radfahrkünstler, Rollschuhexzentriker, Negerkomiker, Kunstpfeifer, Liedersängerinnen und Duettistinnen, Gesangskomiker und Coupletsänger und Dutzende von anderen Genres bevölkerten die Bühne des Orpheums. Hier verblüffte der Clown Barna als Musikphantast mit seinen dressierten Ratten und Mlle. Salambo erfüllte mit ihren 14 Riesenschlangen das Publikum mit Gruseln. Mr. Geo Lockhart führte seine drei Elefanten vor, die Brüder Rasso sprengten geradezu gigantische eiserne Ketten, die Rossbach-Gruppe stellte Tableaux vivants (wie z. B. „Salomonis Urteil als biblische Darstellung in vier Abteilungen") oder Marmor-Studien (wie „Orest, von Furien verfolgt" oder „Die Blumenfontäne") dar, Joao Mamadoo jonglierte zaubernd „ägyptisch-phantastisch", und der Name des Gesangskomikers Richard Waldemar ist auch noch in unseren Tagen bekannt. Unter der Direktion von Gabor Steiner, einem der großen Showmen jener Tage, wurde 1900 die fantastische Burleske in sieben Bildern „Venus auf Erden" mit der Musik von Paul Lincke herausgebracht, umrahmt von einem artistischen Spitzenprogramm. Star dieses Programms war durch einige Zeit auch „La belle Otéro", eine der großen Tänzerinnen des Fin de siècle, die sich bald mit dem Epitheton ornans „Die Göttliche" ankündigen ließ. Ihre rassige Erscheinung begeisterte durch ihren immensen Rhythmus, und neben ihrer Kunst verhalfen ihr auch eine Fülle von Amouren und Skandalgeschichten zu ihrer Berühmtheit.

Die Speise- und Getränkekarten des Orpheums sind illustre Sammelstücke für denjenigen, der sich mit der Geschichte der Gastronomie befaßt, was übrigens in noch höherem Maße für ein anderes Vergnügungslokal gilt, das knapp vor der Jahrhundertwende, nämlich 1897 geschlossen wurde, *Schwenders Colosseum.* Aus einem Kuhstall entwickelte sich „Der Schwender" im Laufe der Zeit zu einem großartig ausgestatteten Etablissement und dem populärsten Ballokal Wiens. Eine Bierhalle, Restaurationsräume, Tanzsäle, ein Kaffeehaus, ein Hotel, eine Terrasse mit Wintergarten und Konditorei und ein Theater mit einem Fassungsraum von rund 500 Personen zählten zu dem Komplex, den der Gründer, Karl Schwender, ein ehemaliger Zahlkellner, errichtet und nach und nach erweitert hatte. Seinen Höhepunkt erreichte Schwenders Etablissement in den siebziger Jahren, und seine Hausbälle, im besonderen auch seine Lumpenbälle, waren Sammelpunkte des sogenannten besten Bürgertums. Die Quintessenz waren vielleicht seine an den Aschermittwochen stattfindenden „Riesen-Häring-Schmäuse", wo auf „Riesen-Ausstellungs-Tafeln" Tausende von Tellern mit garnierten Heringen, überragt von kulinarischen Delikatessen aller Art und geschmückt mit exotischen Pflanzen und Gewächsen, standen; diese „Kompositionen" waren auch mit eigenen Namen versehen, wie z. B. Bosnisches Insurgentenlager, oder ein Stück Alt-Wien oder Explosion am Thunderer. In den Sälen konzertierten verschiedene Musiken, man konnte sich vom schmetternden Blech der k. k. Regimentskapellen mitreißen lassen oder sich den sanfteren Weisen der Damenkapelle hingeben, und manch prominenter Vertreter der leichten Muse war hier anzutreffen, wie etwa Dubez mit seinen Deutschmeistern, Philipp Fahrbach oder das Nationalquintett mit Dänzer und Strohmayer. Im Cercle Oriental wurde man in die Geheimnisse des Serails eingeweiht, es waren die renommierten

„Tableaux vivants", die Prof. Schütze hier vorführte, plastische Studien mit tanzenden Najaden, Töchtern der Liebe oder der Raub der Sabinerinnen, um Beispiele zu nennen. Zu den lukullischen Genüssen gesellten sich frivole Pikanterien, und Schütze ließ eine Susanna dem Bade entsteigen, den deutschen Michel sich im Damenboudoir verlieren oder, im Amazonenkampf, spärlich bekleidete Mädchen sich in gymnastischen Übungen tummeln. Schwender hatte sein Varieté ursprünglich in der Bierhalle eingerichtet und es dann später in den Theaterraum übertragen. Der in Blau und Silber gehaltene Saal, der an den Seitenwänden die Bilder der Krones als Jugend, Raimunds als Aschenmann, Nestroys als Sansquartier und Wenzel Scholz' als Eulenspiegel zeigte, wurde zur Heimstatt der Spezialitäten mannigfacher Art, von Chansonetten und Damenduetten, -terzetten, -quartetten, Akrobaten der verschiedensten Genres, Clown-Entrees und gelegentlich auch Tierdressuren, von komischen Pantomimen und Burlesken und anderem mehr. Und als der Schwender unter dem Konkurrenzdruck anderer Lokalitäten und dem Eindringen der Halbwelt, die das „gute Publikum" verscheuchte, kämpfen und schließlich sperren mußte, da öffnete schon zwei Jahre später, nämlich 1899, ein neues Kolosseum, das sogenannte *Wiener Kolosseum* in der Nußdorfer Straße seine Pforten, ein Varieté, das unter der Direktion von Carl Blasel und seinen Nachfolgern auch ein nicht unwesentliches Stück zur Geschichte der Wiener Unterhaltungsstätten beigetragen hat. Direktor Blasel blickte auf eine lange schauspielerische Vergangenheit zurück und glaubte diese seinem Hause nicht vorenthalten zu dürfen. So gab es also inmitten der einzelnen Varieténummern gelegentlich auch eine Posse, was wir übrigens wiederholt in ähnlicher Form im Varietéprogramm des 20. Jahrhunderts finden, in dem öfters ein Sketch, eine Burleske, eine Kurzoperette oder eine kleine Komödie gebracht wurden.

Darbietungen aus dem Wiener Kolosseum jener Tage um die Jahrhundertwende – wir können nur wahllos einige als Beispiel herausgreifen: etwa Miss Heloise Titcomb, American Star, Professor Thereses, Magnetic-Act-Parodist, die Geschwister Lorch mit zirzensisch-ikarischen Spielen unter Verwendung von drei Pferden, den schon genannten Richard Waldemar, das amerikanische Bioskop mit Bildern etwa aus dem Transvaalkrieg, wie überhaupt die Lebende Photographie sich im Varieté-programm einzunisten begann, Lilian Denis, Nigger-Excen-trique, The Sleedes in ihrer spiritistischen Verwandlungsparodie „Das geheimnisvolle Haus", die Pantomime „Die Mühle am Walde", The Manhatten Comedy Four, amerikanische Straßen-sänger oder Les trois Liviers, akrobatischer Drahtseilakt.

Varieté da und Varieté dort, es blühte an allen Ecken und Enden, das Publikum genoß es und verband mit dem Besuch der Vorstellung oft auch gleich das Souper, denn die Regel war, daß sich zumindest ein Teil der Sitzplätze an Tischen befand, an denen serviert wurde. (Bei Attraktionen, die eine erhöhte Aufmerksamkeit des Publikums verlangten oder die das Herum-laufen der Kellner sehr gestört hätte, fand man im Programm-heft den Vermerk: Hiebei wird nicht serviert.) Das ausschließ-liche Varietétheater, wo man während des Programms nicht mehr tafeln konnte, hat sich im wesentlichen erst im Laufe des 20. Jahrhunderts eingebürgert.

Varietéprogramme wurden vereinzelt auch als Gastspiele in den regulären Theatern abgehalten, und das k. k. privilegierte Theater in der Josefstadt verzeichnete beispielsweise im August 1870 eine Produktion der original-kaiserlichen Japanesen mit dem Wunder der Welt, dem Little All Right. Die zweite Hälfte des 19. Jahrhunderts war ja die große Zeit der Völkerschauen, d. h. man brachte die verschiedensten fremden Völkerschaften in die Metropolen und somit auch nach Wien, wobei hier meist die Rotunde den Schauplatz lieferte. Hier lebten sie nun dem Publikum ein Stück ihres alltäglichen Lebens vor, und der Be-schauer konnte staunend ein Stück vom „wilden Afrika", vom „Fernen Osten" oder anderen Kontinenten und Ländern ge-nießen. Im Gegensatz zu diesen Völkerschauen, wenn auch ent-

6 *Zirkus Renz-Gebäude. Lithographie von F. Zalder, 1856.*

Vorhergehende Seite:
5 *Charles Stonette als „Shakespearer". Lithographie von E. Kaiser, 1853.*

7 Die Trapezkünstlerin Dare Leona. Photographie, 1880.
8 Georg Jagendorfer als Keulenschwinger. Photographie, 1880.

Nächste Seite:
9 Zirkus Busch. Photographie von M. Gerlach. Um 1900.

wicklungsgeschichtlich mit ihnen zusammenhängend, begannen in der zweiten Jahrhunderthälfte auch „exotische" Artistentruppen in immer stärkerem Ausmaß hervorzutreten, die in einem folkloristischen Rahmen, sei es in den Völkerschauen selbst, sei es im Zirkus oder Varieté, ihre spezifische Kunst zeigten. Die Artistik des Fernen Ostens hat bekanntlich eine jahrtausendealte Geschichte, und beim zitierten Abend im Theater in der Josefstadt sah man etwa ein Kübelspiel, einen Kreiseltanz, Bambus auf der Schulter, Taschenspiele, einen Seiltanz oder pantomimisch-akrobatische Evolutionen wie „Der Fuchs" oder „Der Schmetterling". Das Programm der japanischen Künstler war übrigens mit der Posse „Holz und Blech oder Zwei Musikanten" gekoppelt, die von dem damals viel gespielten, heute fast völlig vergessenen Dichter Stix stammte. Die Geschichte der einzelnen Praterunternehmen ist in sehr intensivem Ausmaß auch eine Geschichte des Varietés, das meist aus Singspielhallen, Restaurants und Kaffeehäusern hervorging, und als 1895 Gabor Steiner im Prater „Venedig in Wien" eröffnete, jenen großzügigen Vergnügungsort auf dem Gelände des Englischen Gartens, den man in die Stadt der Dogen verwandelt hatte, war das Varieté in Permanenz vertreten.

Ein Varieté nun war es, dessen Ruf wirklich in alle Welt strahlte und das eine der berühmtesten Stätten der zehnten Muse wurde, das Ronacher. Sein Gründer, *Anton Ronacher,* 1841 als Bauernsohn in Kärnten geboren, war vom unausgelernten Sattlergehilfen zum Maitre de plaisir von Wien aufgestiegen. Auf dem Platz, wo 1884 das Wiener Stadttheater ein Raub der Flammen geworden war, hatte er mit wenig Kapital und viel Überredungskunst Wiens führendes Varieté errichtet und war sozusagen zum „Mann des Tages" avanciert. Anton Ronacher war im übrigen auch schon vor dieser Zeit in den Mittelpunkt des Interesses gerückt, als er als Varietédirektor im Prater 1879 Blondin zu einem Gastspiel in der Rotunde verpflichtet hatte. Blondin war bekanntlich jener Mann, der auf einem Drahtseil die Niagarafälle überschritten hatte, wobei er über dem tosenden Fluß u. a. auch einige Minuten stehen geblieben war, um sich Spiegeleier auf einem kleinen Ofen zu braten. Anläßlich des Wiener Gastspieles bezeichnete damals die satirische Wochenschrift „Humorist" Ronacher als den höchsten Direktor Wiens.

Die Eröffnungsvorstellung im Etablissement Ronacher, die am 21. April 1888 in Szene ging, war ein Ereignis, von dem buchstäblich ganz Wien sprach. In dem zwanzig Attraktionen umfassenden Programm gab es das Debüt der Wiener Couplet-Sängerin Leopoldine Kutzel, der Wiener Salonjodlerin Mizi Marion oder der Wiener Duettisten Schmutz & Rück. Des weiteren fanden sich u. a. die Parterreakrobaten The Eltons, die amerikanischen Leiterathleten Frederics, Gloss und La Van, die 3 Pinauds, amerikanische Musical-Exzentriker, der Kunstradfahrer Mr. Kaufmann, die Japanesen-Truppe The Mitsutas und die 16jährige englische Trapezkünstlerin Miss Geraldine ein. Die größte Sensation dürfte aber *Krao* gewesen sein, das am ganzen Körper behaarte Mädchen, das nicht im Rahmen des Varietéprogrammes, sondern am Nachmittag zwischen 15 und 19 Uhr als naturhistorische Abnormität zu besichtigen war. Haar- und Bartmenschen waren ja seit eh und je ein beliebtes Objekt der Schaubude, und Krao wurde nun als das nach der Darwinschen Theorie angekündigte fehlende Glied in der Entwicklungsperiode des Menschen gezeigt. So wurden denn auch die phantastischsten Geschichten über ihre Herkunft mit einer Unverfrorenheit sondergleichen verbreitet – man ließ sie aus dem Urwald von Borneo stammen – und das Mädchen rief Mediziner, Anthropologen und Ethnographen auf den Plan, die sich mit der Ursache ihrer Behaarung befaßten. Krao beschwor damit auch einige möglicherweise für die Publicity inszenierte Gesellschaftsskandale herauf, da die Ehefrauen der begutachtenden Männer nicht immer glauben wollten, daß deren Interesse rein wissenschaftlich sei.

Spezialitäten um jeden Preis war Anton Ronachers Maxime,

der seinem Haus immer wieder neue Attraktionen verschaffte. Um das Interesse der sportlichen Herrenwelt zu gewinnen, verpflichtete er Prof. Wallenda mit seinen zehn dressierten Vollblutdoggen oder den Tauchkünstler Captain *James,* der seine Künste in einem riesigen Glasbehälter zeigte. Mit größter Spannung verfolgte das Wiener Publikum die dauernden Herausforderungen, die an James und an seine Partnerin Miss Lorli ergingen, und bei denen die Engländer jedesmal den Sieg davontrugen. Im Februar 1889 kam es zu einem Zweikampf zwischen James und dem ehemaligen Militärschwimmeister Österreichs, Rocré. Mit Uhren in der Hand verfolgte das Publikum, wie die beiden in die grünblau leuchtenden Fluten tauchten. Nach einer Minute und vier Sekunden hatte Rocré genug und gab auf. Um diese Zeit zeigte der Captain nicht die mindeste Lust, an die Oberfläche zurückzukehren. Dem Publikum wurde es allmählich bang, als sich auch nach der zweiten und dritten Minute nichts rührte. Dann endlich erschien James, mit drei Minuten und 16 Sekunden hatte er einen Rekord geschafft, der mit tosendem Beifall quittiert wurde.

Im selben Jahr war es der indische Fakir *Hadji Soliman,* der sich als unverwundbar und unempfindlich gegen jeden Schmerz zeigte. Obgleich seine Darbietung auch heute beachtliches Aufsehen erregen würde, war sein damaliger überwältigender Erfolg wohl einer Zeit zuzuschreiben, in der der Glaube an unbekannte übernatürliche Kräfte im Menschen noch durchaus geläufig war. Der Fakir durchbohrte sich mit langen spitzen Nadeln die Ohren, die Wange, die Zunge, er zerbiß knirschend Glasscherben, schlug sich einen Säbel in den Leib und ließ sich von angeblich giftigen Schlangen in den Finger beißen oder biß einer dieser Schlangen selbst den Kopf ab. Wiederholt lösten seine Darbietungen auch Empörung aus, und bisweilen wurden Stimmen laut, daß es sich um Schwindel handeln müsse, doch versuchte niemand, den Fakir diesbezüglich zu überführen.

Der Ruf des Ronachers hatte sich über ganz Europa verbreitet und Amerika erreicht, und die besten Artisten rissen sich um ein Engagement. Wie die Geschichte vieler größerer Institutionen war aber auch die Geschichte dieses Hauses, die durch zwei Weltkriege, durch Unruhen und Umbrüche ging, sehr wechselvoll. Nicht immer war die Bereitschaft des Publikums in gleichem Ausmaß vorhanden, sich dem unbeschwerten Vergnügen des Varietés hinzugeben. Auch Anton Ronacher, der 1892 starb, hatte nicht bis zuletzt Erfolg, und so mancher der ihm nachfolgenden Regenten scheiterte früher oder später an seiner Aufgabe. Die sozialen Strukturveränderungen mußten sich wie bei jedem Theater auswirken. Oft wandelte das Ronacher sein Programm und blieb doch bis zum endgültigen Zusammenbruch, der mit dem Zusammenbruch eines Genres schlechthin einherging, das klassische Varieté, ein Eldorado der internationalen Artistik, deren Akteure sich hier in der losen Folge eines Nummernprogrammes oder später bisweilen auch im Rahmen einer Revue, oder zumindest in revueartiger Form zusammengekittet, ein Rendezvous gaben.

V

DER STURM AUS DEN USA

Als 1898 *Barnum & Baileys* „Greatest Show on earth" ihre
große Europareise antrat, bildete sie, wohin sie auch immer
kam, durch ihre überwältigende Massenentfaltung und Vielfalt
zirzensischer Darbietungen, im besonderen aber auch durch
ihre zur Schau gestellten Kuriositäten, das Tagesgespräch. So
war es auch in Wien, wo Barnum & Bailey 1900/1901 in der
Rotunde spielten, jenem aus der Weltausstellung von 1873
stammenden Monumentalgebäude, das schon vorher und auch
nachher mehrfach zur Stätte zirzensischer Ereignisse geworden
war, bis es schließlich 1937 einer Brandkatastrophe zum Opfer
fiel.

Wie anderwärts ging auch dem Wiener Gastspiel ein gewaltiger Reklamefeldzug voraus, und dem Publikum wurden die in
ihrer Überschwenglichkeit einzig dastehenden Slogans Barnum-
scher Presseabteilungen eingehämmert. Als denn auch die, wie
es hieß, „größte und herrlichste Sehenswürdigkeit, die Menschen erdenken konnten" mit ihren eigens konstruierten Eisen-
bahnzügen angereist kam, war die Spannung bei Publikum und
Presse gewaltig; man bestaunte den riesigen Troß von Menschen und Tieren und die minutiös durchgeformte Organisation, die auch wiederholt von militärischen Generalstäben stu-
diert worden war. Wenn man die Artikel der verschiedenen
Blätter in die Hand nimmt, die über die Premiere berichteten,
dann fallen einem immer wieder Sätze auf wie „Man wußte
nicht, wo man hinschauen soll", „Die Sinne wurden verwirrt".
Nun, sinnverwirrend wirkte diese kaleidoskopartige Massenentfaltung sicherlich, und das sollte sie auch nach den Intentio-
nen ihrer Urheber, des schon zu Lebzeiten geradezu zu einem
Nationalheiligen der Amerikaner gewordenen *Phineas Taylor
Barnum* und seines Kompagnons *James A. Bailey*. Der 1810

in Connecticut geborene und 1891 verstorbene Barnum, der „Kaufmann, Journalist und Raritätenmann", wie er sich selbst nannte (und wir müssen hinzufügen auch Zirkusdirektor, Politiker, Spekulant, Städtegründer und Impresario), der seine Erinnerungen in mehreren, sehr amüsant zu lesenden Selbstbiographien niedergelegt hat, war ein in seiner Art unübertroffener Schausteller. Barnum, auch mit dem Epitheton „Das Genie des Humbugs" bezeichnet, hatte sich dann mit seinem einzigen ernsthaften Konkurrenten, dem 1847 geborenen (und sodann 1906 verstorbenen) Showman Bailey zusammengeschlossen.

Barnum & Bailey spielten in dem 10.000 Personen fassenden, zu einer kolossalen Arena adaptierten Haupttrakt der *Rotunde* in drei in der Längsachse gelegenen Manegen und auf zwei dazwischenliegenden Bühnen, umgeben von einer etwa 500 Meter langen und 15 Meter breiten Fahr- und Reitbahn. Bei ihrem Wiener Gastspiel präsentierten Barnum & Bailey rund 80 Darbietungen, vielfach waren es fünf oder wenigstens drei oder zwei Nummern und einmal sogar zwölf an der Zahl, die, simultan und in zeitlicher Präzision aufeinander abgestimmt, abrollten. Zu den gleichzeitig ablaufenden Nummern zählten u. a. „Die drei größten Herden wundervoll dressierter Elephanten der Welt", „Potpourri von bezaubernden und staunenerregenden Künsten" (wie orientalische Bambusleiter-Tricks, japanische Jongleurkunst, dreifache Reckakrobatik, Schaustellung von Selbstverteidigungsakten), „Amüsante und belehrende Lectionen für Kinder" (humoristische Kämpfe mit Schweinen und Affen, Zwergziegen, der ringende Bär und sein Herr), „Luft-Specialitäten von wahrhaft staunenerregender und höchst origineller Art" (wie Sprungseil, Künste an spanischen Ringen, orientalische Drahtseilarbeit mit Herabrutschen auf den Boden, orientalische Exerzitien am doppelten Bambus, doppelte Hochseilspezialitäten), „Schnelle Reiterstückchen auf ungesattelten Pferden", „Staunenswerthe, athletische, akrobatische und gymnastische Leistungen" (wie z. B. japanische Leiter, Fußantipoden, der automatische Wunderglobus, der von einer Spirale herunterrollt, Keulenschwingen mit Vorführung von dressierten Tauben), „Hohe Schule, die gleichzeitig in drei Ringen und in der Hippodrombahn produziert wird", und „Die zwei größten und bewunderungswürdigsten Luftkünstler-Truppen der Erde". Dazwischen gab es immer wieder Attraktionen, bei denen die Schauplätze zu einem einzigen vereinigt wurden, wie etwa „Das große Springerturnier der gewandtesten internationalen Champions", 70 Pferde, die sich gleichzeitig im Ring produzierten, mit ihrem Equestrian Director Wm. Ducrow, oder das in Europa erstmalige Auftreten des Mr. Lowe, der auf einem gewöhnlichen „Bicycle" eine aus holprigen Stiegen bestehende schiefe Ebene mit rasender Geschwindigkeit herunterfuhr. Die Verbindung von Militär und Zirkus stellten die Aurora-Zuaven dar, jene Volksgruppe aus dem Stamme der Kabylen, die eine reguläre Kompanie von Akrobaten der amerikanischen Infanterie bildeten und in ihren Übungen zum Schluß das Erklettern einer fünf Meter hohen Bretterwand vorführten. Hippodrom-Rennen und andere Wettstreite beschlossen den Abend, wobei den Höhepunkt wohl jene in möglichst historischer Treue durchgeführten Quadriga-Fahrten bildeten, bei denen nichts gestellt war. Das waren echte, wie im altrömischen Zirkus praktizierte Wettrennen, die bis zur Siedehitze erregten und wo die Gespanne mit rasender Geschwindigkeit dahinsausten, schonungslos und in wilder Gier nach dem Siege trachtend, so daß die Pferde bisweilen stürzten.

Die Monsterschau strapazierte bewußt die Nerven der Zuschauer und imponierte durch ihre Art und Weise, wie hier mit Massen gearbeitet wurde. Sie kam der Mentalität des Durchschnittsamerikaners entgegen, indem sie Rekorde an die Spitze stellte und primär durch Quantität beeindruckte. Dabei handelte es sich bei den einzelnen Darbietungen durchaus um solche von Qualität, und es bedeutete zweifellos eine Abwertung dieser Nummern, wenn dem Zuschauer die Möglichkeit genommen wurde, ihnen in konzentrierter Form zu folgen. In der Schau der Superlative spiegelte sich vielleicht die Aggressivität des „jüngeren Bruders" Amerika gegenüber dem alten Europa wider und fanden sich Wunschtraumvorstellungen von Macht und Besitz in eine auftrumpfende Realität umgesetzt.

Clown-Entrées hat es bei Barnum & Bailey keine gegeben, denen durch die monumentale Größe auch der Platz zur Entfaltung genommen gewesen wäre. Das komische Element war aber nichtsdestoweniger vertreten, und zwar in der Form eines großen internationalen Narrenkongresses, der in Masse die Aufgabe, die dem Clown im Zirkus gestellt ist, zu lösen versuchte. Die Komik verschafft ja dem seelischen Apparat eine Entlastungsmöglichkeit, und die Aufgabe der Lustigmacher der Manege ist es sicherlich auch, nach den aufregenden Darbietungen der Artistik und Dressur der Entspannung des Publikums zu dienen. Vielleicht soll auch der Zuschauer von der Selbstforderung, Ungewöhnliches zu leisten, und von der Verantwortung der Teilnahme an einer Aktion, die für die Artisten voll von Gefahren ist, entbunden werden. Barnum & Baileys Narren bildeten eine Art des Reprisenspaßmachers, der zwischen den Auftritten der einzelnen Artisten erscheint, und vereinigten sich dann zur Pantomime. Es war eine bunte Schar aus dem Fundus der Lustigen Person schlechthin mit einem amerikanischen Hanswurst, einem behäbigen Deutschen, einem geschickten Clown, einem italienischen Bajazzo, einem österreichischen Wurstel, einem buntscheckigen Narren u. a. m.

Barnum & Bailey führten nicht nur einen etwa 400 Pferde beherbergenden Marstall und eine große Menagerie mit sich, sondern, wie erwähnt, auch eine Sammlung menschlicher *Kuriositäten*. Diese Schaubudenmonstrositäten, die sich möglicherweise seit eh und je im Gefolge der Fahrenden fanden, kamen ja im 19. Jahrhundert und anfangs des 20. Jahrhunderts, bedingt durch das zunehmende Interesse am Exotischen, wohl auch als Folge der zahlreichen Expeditionsreisen, ganz groß in Mode. In der „Größten Schau" waren sie in einer wohl vorher und nachher nie mehr gezeigten Massierung vertreten. U. a. fanden sich ein: die Chinesischen Zwillinge, zwei Knaben, die in der Gegend der Herzgrube durch ein Fleischband miteinander verbunden waren, und „Lalloo und Lallaa", ein Hindu, dem aus dem Vorderteil des Oberkörpers ein kopfloser weiblicher Parasit herausgewachsen war, verkörperten die Zusammengewachsenen. Jo-Jo, der Pudelmensch, das mooshaarige Mädchen, „Zip, was ist das?" und die vollbärtige Annie Jones vertraten die Gruppe der Haar- und Bartmenschen. Der Pudelmensch hatte außer der Behaarung seines Gesichtes und seines Körpers eine merkwürdige Ähnlichkeit mit einem Pudel, in seinem Oberkiefer befanden sich nur zwei Hundezähne und im Unterkiefer fünf scharfe Schneidezähne. Zip galt als ein ethnologisches Rätsel, das man in Singapur aufgelesen hatte. Er war am ganzen Körper mit langem Zottelhaar bedeckt, und auf seinem eiförmigen, glatt rasierten Schädel saß ein zottiger Haarschopf; auch er wurde im Zuge der Darwinschen Aufklärungswelle als das gesuchte Bindeglied zwischen Mensch und Tier bezeichnet. Auf Zip traf der Satz zu „The american people wants to be humbugged", denn sein Tod im Jahre 1926 löste durch die Obduktion das Rätsel. Zip war ein normaler Neger mit einem etwas eiförmigen Schädel gewesen, und sein Schopf entpuppte sich ebenso als Schwindel wie seine affenartige Haut, die er für die Schaustellung anlegte. Das tätowierte Ehepaar hatte Hunderte von verschiedenen Zeichen in mehreren Farben „eingebrannt", so daß die unbekleideten Teile ihrer Körper wie angezogen wirkten. Die Supershow präsentierte ferner „Das menschliche Mastodon", einen Mann, der 229 Kilogramm wog, und das „Skelettgigerl", den angeblich dünnsten Mann der Welt. Gegensätze waren ja immer wieder ein Anziehungspunkt der Schaubude, und während die übermäßig Dünnen den Anschein erweckten, als ob sie auf ihre Geschlechtlichkeit verzichteten, ließ sich dies bei den Dicken weniger leicht sagen, denn sie hatten einerseits gewaltige Schenkel und Busen, also überdimensionale Geschlechtsmerkmale, wirkten aber anderseits auch eunuchenhaft. Der beinlose Akrobat, der nur über ein Paar verkrüppelte Füße verfügte, die ihm unmittelbar aus dem

Unterleib herauswuchsen, das armlose Wunder, ein Mann, der statt seiner fehlenden Hände seine Füße mit größter Geschicklichkeit einzusetzen vermochte, der menschliche Strauß, der hauptsächlich Glas, Nägel und Petroleum verspeiste, und das menschliche Nadelkissen, das sich die verschiedensten Nadeln durch Lippen und Ohren steckte, waren andere Sehenswürdigkeiten dieser Side-Show.

Barnum & Baileys three rings circus hat in Europa nur relativ wenig Nachahmer gefunden, immerhin haben einige Zirkusse dieses System aber vorübergehend übernommen, und Wien konnte etwa 1925 Kludsky, 1927 Krone und sodann 1959 Franz Althoff mit einem 3-Manegen-Programm sehen. Der europäische Zirkusbesucher nahm den 3-Manegen-Zirkus gerne einmal als besondere Sensation zur Kenntnis, richtig anfreunden konnte er sich mit ihm nicht.

Noch eine andere große Show hatte Wien um die Zeit der Jahrhundertwende besucht, die von *Buffalo Bill*, der 1890 mit seiner Wildwest-Truppe hier seine Zelte aufschlug und 1906 ein zweites Mal erschienen war, um seinen „Congress of Rough Riders of the World" zu präsentieren. Buffalo Bill (Colonel William F. Cody) hoch zu Roß mit seinem wallenden weißen Haupthaar und seinem energischen Knebelbart war ja schon durch Jahrzehnte seines Lebens zu einer legendären Figur geworden und ist bis in unsere Tage als Abenteurergestalt lebendig geblieben. Mit Scharen von Indianern und Cowboys, aber auch Kosaken, Rifpiraten und Arabern, mit Hunderten von Pferden, Dutzenden von Bisons u. a. m. riß er mit seinem von rasantem Tempo erfüllten Wildwest-Zirkus das Publikum zu frenetischer Begeisterung hin und weckte wohl auch in so manchem das Fernweh und die Abenteuerlust. Da rasten die Indianer mit den Füßen im Sattelgurt durch die Arena, Frauen wurden auf dem Rücken der Pferde entführt, Lassos über die sich aufbäumenden Mustangs geworfen, und natürlich durfte auch der obligate Überfall auf die Postkutsche nicht fehlen. Die heute noch existierenden Rodeo-Spiele tragen das Erbe Buffalo

Bills weiter, dessen Einfluß auch auf den Wildwestfilm sehr groß war. Miss *Oakley*, eine Scharfschützin in Buffalo Bills Schau, wurde im übrigen die Titelheldin des auch an der Wiener Volksoper gespielten Musicals „Annie get your gun" von Irving Berlin.

Mit Barnum & Bailey hat die Amerikanisierung des Zirkuswesens in Europa zwar nicht den ersten, aber doch den wesentlichsten Schritt gesetzt. Sein Einfluß auf das Tempo des Programmablaufes, auf das Rekordverlangen des Publikums, aber auch auf Organisation und Management war zweifellos groß, und sein Beispiel hat, wenn auch in modifizierter Form, Schule gemacht.

VI

ZIRKUS IN WIEN UND WIENER ZIRKUS
VOR UND NACH DEM ERSTEN WELTKRIEG

Unter den ausländischen Unternehmen, die in Wien feste Zirkusgebäude besessen und sich daher hier eine Wahlheimat geschaffen haben, sind nun nach de Bach und Renz Busch und Schumann zu nennen.

Paul Busch, der zu den wenigen Großen im Bereich des Zirkus gehörte, die aus „bürgerlichem" Milieu stammten, war als Gardekürassier mit Pferden vertraut geworden und war dann als Dresseur und Schulbereiter zum Zirkus Salamonsky gestoßen. 1884 gründete er in Dänemark einen kleinen Wanderzirkus, doch schon 1891 konnte er in Hamburg einen festen Bau sein eigen nennen. 1892 eröffnete er einen weiteren Bau, den Zirkus Busch in der Ausstellungsstraße in Wien; ein Gebäude, das 1882 als Panorama errichtet und nun, zehn Jahre später, von den Brüdern Drexler in einen Zirkus umgestaltet wurde, der rund 2600 Personen faßte. Busch errichtete dann 1895 in Berlin seinen wohl glanzvollsten Bau, zu dem sich durch Ankauf noch die Renz-Gebäude in Hamburg und Breslau gesellten. In seiner Frau Sidonie, die als Stehendreiterin „Miss Constanze" eine der Stützen des Zirkus Renz gebildet hatte, fand Paul Busch eine hervorragende Hilfe, die ihm nur allzu früh durch den Tod entrissen werden sollte. Mehr und mehr wuchs sodann seine Tochter *Paula* in das Zirkusgeschäft hinein; sie hat sich später nicht nur als Leiterin des väterlichen Unternehmens, sondern bekanntlich auch als Zirkus- und Tierschriftstellerin einen internationalen Ruf erworben.

Auch Busch widmete dem equestrischen Element in seinem Zirkus die sorgfältigste Pflege, und als eine besondere Spezialität des Hauses wurde die Schulquadrille gerühmt. Ein Programmheft vom 25. April 1894 aus Wien kündigt beispielsweise für diesen Tag (der tägliche Programmwechsel war ja noch obligat) eine „Grande Quadrille royale in pompösen Costümen und Requisiten, geritten von vier Damen und vier Herren" an. Im selben Programm brachte Direktor Busch sechs neudressierte Fuchshengste, und im Text heißt es darüber: „Die sechs Fuchshengste springen, nachdem sie eine Reihe Hindernisse im Feuerregen genommen haben, nach den beiden entgegengesetzten Richtungen aus der Manege durch zwei Häuser. Das eine stellt ein Wohnhaus mit Insassen, das gegenüberliegende ein Krankenhaus dar. Die drei Pferde, welche zuerst in das brennende Haus springen, retten je einen Mann und eine Frau und laufen mit denselben ins Hospital, während zugleich die anderen drei Fuchshengste in das brennende Haus eilen und zwei kleine Kinder retten." Solche Piecen entsprachen durchaus dem Zeitgeschmack, und Rührszenen, in denen das Pferd einen treuen Helfer und Freund des Menschen spielt, finden wir des öfteren im 19. Jahrhundert; sie lösten mitunter ein hörbares Schluchzen im Publikum aus. Das zitierte Programm, in dem bemerkenswerterweise auch die Dressur zweier boxender Känguruhs aufscheint, endete mit „Abenteuer am Hofe zu Versailles im 17. Jahrhundert, große hydrologische Original-Ausstattungs-Pantomime in 3 Acten mit elektrischem Blumencorso, Kinder-Blumencorso, Wiener Kinderorchester und den neuesten, wunderbarsten Licht- und Wasser-Effecten, ausgeführt von 250 Personen und dem Corps de Ballet, 100 Damen".

Wie kaum ein anderer Zirkus wurde ja gerade Busch ob seiner Pantomimen berühmt, und er spielte sie in seinem Gebäude in Berlin noch, als dieses Genre im westlichen Zirkus praktisch verschwunden war. Es waren Manegenschaustücke, in denen die verschiedensten Elemente und waghalsige Tricks herhalten mußten und für die man Textdichter, ja durchaus Schriftsteller von Namen, wie z. B. Hans Heinz Ewers, Ballettmeister, Choreographen, Kostümbildner nebst Maschinen-, Elektro- und Pyrotechnikern bemühte. Eine prunkvolle Aufmachung überzog die oft äußerst magere Substanz, es gab halsbrecherische Ritte und Fahrten über einstürzende Brücken, die Manege konnte mit künstlichem Schnee bedeckt sein, Fontänen in allen Farben spritzten zur Zirkuskuppel, und Elemente der Operette, der Music-hall, der Revue zogen in immer stärkerem Maße in den Zirkus ein. Die Presse vermerkte derlei vielfach als eine echte Modernisierung und sah in diesen Phänomenen eine Regeneration des Zirkus; aus unserer heutigen Sicht stellen sie sich gerade als das Gegenteil dar, als Dekadenzerscheinung, als Folge des immer hektischer werdenden Vergnügungsbetriebes, der aus der fühlbar werdenden Unsicherheit der Zeit geboren wurde. „Persien" oder „Nach Sibirien" (wo 600 Personen mitwirkten) waren beispielsweise solche Riesenspektakel, wie sie Busch auch in seinem Wiener Gebäude aufführte, und über die Kusnezow schrieb, daß sie ob ihres reaktionären Inhaltes psychologisch der Kriegsvorbereitung dienten. Kusnezow denkt dabei offensichtlich an die Verschleierung der sozialen und politischen Zustände: das Festhalten am monarchischen Gedanken, die territorialen Expansionsbestrebungen und die militärischen Evolutionen.

Eine der großen Manegen-Ausstattungs-Pantomimen Buschs war „Aus den Alpen", die Burckhardt-Foottit 1907 in Wien inszeniert hatte und die sich uns als ein simplifiziertes Schauerdrama darstellt, als dessen Inspiratoren im Hintergrund etwa Otto Ludwig oder Ludwig Ganghofer sichtbar werden, und das nun mit all der „barocken" Maschinerie des Zirkus in Szene gesetzt wurde. Die Inhaltsfolge lautete: 1. Akt: In den Hochalpen. 2. Akt: Schützenfest. 3. Akt: Im Walde. Ermordung des Försters. 4. Akt: Gerichtssaal. 5. Akt: Wasser-Akt. Besonders hervorzuheben: Der Automobilsturz aus der Zirkuskuppel. 6. Akt: Gefängnis. 7. Akt: Große Felsenschlucht mit elektrischen Effekten. Der Handlungsablauf macht deutlich, wie sehr der Film in seinen Anfängen als geistiger Verwandter der Zirkuspantomime aufgetreten ist, was ja naheliegend war, denn die Sujets formten sich aus der Zeitstimmung, und der Film vermochte sodann mit seinen Möglichkeiten die Superapparatur des Zirkus in den Schatten zu stellen.

Ein besonders bei Busch gepflegtes Genre war schließlich die *Wasserpantomime,* die auch schon Renz gegen Ende seiner Ära gebracht hatte. Die Wasserpantomimen gehen theatergeschichtlich auf die Naumachien der Römer zurück, in denen Scheingefechte nicht nur in künstlichen und natürlichen Seen, sondern auch in Amphitheatern aufgeführt wurden, wo Wasserzuleitungen eine rasche Füllung und Leerung der Arena ermöglichten. Die Wasserspiele fanden dann in der Renaissance ihre große Auferstehung und feierten im englischen Nationaltheater im 19. Jahrhundert (Sadlers Wells) und schließlich in den Wasserpantomimen des Zirkus im 19. und 20. Jahrhundert ihre Fortsetzung. 1910 brachte Busch in seinem Wiener Gebäude die große Wasserpantomime „Auf der Hallig", nachdem sich Berlin bereits in 300 Aufführungen den spätromantischen Kitsch angesehen hatte. Auch hier zeichnete Burckhardt-Foottit als Verfasser und Regisseur, die Tänze waren vom italienischen Hofballettmeister Ottavi einstudiert, und „Auf der Hallig" brachte Szenen aus dem Fischerleben und von den Inseln der Nordsee. Zum Schluß erschienen Gott Neptun und sein Gefolge mit Nixen, Najaden und Seeungetümen, und im Aufzug der gesamten Unterseewelt gab es auch das „Phänomen der tauchenden Sirenen", die 15 Minuten unter Wasser blieben.

Neben seinen Pantomimen, die gegebenenfalls nur die zweite Programmhälfte füllten, brachte Busch eine große Vielfalt zirzensischer Darbietungen. Da führte etwa Direktor Busch ein großes Monstre-Tableau mit 60 Hengsten vor, der Rennfahrer Paul Mündner zeigte sich als Todesschleifenfahrer und raste mit seinem Fahrzeug schmale Bahnen von der Zirkuskuppel hinunter – ein Tribut an den Geschmack des Publikums, das auch die modernen Verkehrsmittel in zirzensischer Verwendung sehen wollte, was auf den verschiedensten Gebieten der Artistik seine Ausbreitung fand. Auch die bedeutenden *Dompteusen* Miss Senide und Claire Heliot traten hier auf. Mit der Ausbreitung der humanen Dressur begann ja die Zeit, in der Frauen in immer größerem Ausmaß den Raubtierkäfig betraten. Miss

Senide, die sich schon als Siebzehnjährige bei Renz vorgestellt hatte, wurde im besonderen durch ihr afrikanisches Diner berühmt: Sie warf eine Fleischkeule unter ihre Raubkatzen (einige Löwen und ein Panther) und riß dem Panther, der als der Schnellste die Keule an sich brachte, das Fleisch wieder aus dem Rachen. Miss Claire Heliot saß mit ihren zwölf ostafrikanischen Löwen etwas friedfertiger zu Tische. Löwen-, Tiger- und Pantherbräute schienen den Kunstreiterinnen in der Gunst des Publikums den Rang abgelaufen zu haben, sie fanden ihre Maler und Dichter unterschiedlichen Grades, und für viele junge Mädchen aus „bürgerlichem" Hause wurde die Dompteuse zum heißersehnten Traumberuf.

Busch bot in seinem Gebäude auch wiederholt anderen Unternehmen Logis. So gastierte etwa 1900/1901 der königlich-rumänische Zirkus Cesar Sidoli, der in seinem Manegenstück „Der Krieg in China" den Stoff aus dem aktuellen Geschehen nahm. Ein weiterer Gast war der Zirkus Henry, der mehrmals im Busch-Gebäude spielte und mit „Japanische Infanterie – Die Helden vom Yalu und Port Arthur" den russisch-japanischen Krieg und somit ebenfalls ein Thema der Gegenwart aufgriff. Henry brachte auch wiederholt eine beachtliche Anzahl von Dressurnummern, wie seine Elefanten, sibirische Wolfshunde, die sich als großartige Hoch- und Weitspringer zeigten, Kapitän Ashcrofts jonglierende und balancierende Seelöwen und Seehunde, sechs asiatische Kamele oder den Clown Rigoletto mit Gänsen und dem Esel Rigolo. Es war ja die Zeit, in der allmählich ein Großteil der Arche Noah die Manege eroberte und, sieht man von den Pantomimen ab, es waren Zirkusprogramme, die in ihrer Zusammensetzung durchaus schon der heutigen Struktur entsprachen. 1907 gab es bei Busch das Gastspiel Willy Hagenbecks, der u. a. auch zwei gemischte Raubtiergruppen mitgebracht hatte, von denen die eine aus 8 Löwen, 4 Tigern, 1 Kragenbären, 2 Doggen und 1 russischem Windhund bestand, sowie eine der größten Raubtiersensationen der Zirkusgeschichte überhaupt, die 70 Eisbären. Die Polarbären liefen auf bunten Kugeln herum, kletterten eine Treppe hinauf und wieder hinunter, besetzten pyramidenförmige Postamente, ein Bär betätigte sich als Kutscher eines von einem Pony gezogenen Wagens, und Höhepunkt war schließlich der Rutsch der Bären auf einer großen Gleitbahn von der Zirkuskuppel in die mit Wasser gefüllte Manege.

1911 führte *Max Reinhardt* den „König Ödipus" des Sophokles mit Alexander Moissi im Busch-Gebäude auf, und es ist ja hinlänglich bekannt, daß Reinhardt die Zirkusarena, fasziniert vom Riesenrund des alten griechischen Theaters und offenbar auch beeinflußt durch die Manegen-Schaustücke, wiederholt zum Schauplatz seiner Inszenierungen wählte. Im Arenatheater suchte Reinhardt wieder die Dimensionen zu schaffen, mit denen die großen Wirkungen des antiken Theaters so eng verknüpft waren, und er sprach aus, daß dem Schauspieler wieder die ersehnte Gelegenheit gegeben werde, mitten im Publikum zu stehen, losgelöst von den Illusionen der Dekoration, was einen Kontakt ergäbe, der ungeahnte anonyme Wirkungen auslöse, da der Zuschauer in höherem Grade mit den Geschehnissen verbunden sei.

Die Spielbreite im Busch-Gebäude spannte sich von der antiken Tragödie bis zum Ringkampf. 1913 machte eine zirzensische Darbietung Furore, die man nicht gerade unter dem Blickwinkel der Ästhetik in der Zirkuskunst betrachten darf, Mac Nortons menschliches Aquarium. Norton ließ sich ein Aquarium mit Goldfischen und eines mit Fröschen bringen und verschluckte die zappelnden Tiere eines nach dem anderen. Nach einigen Causerien mit dem Publikum sah man aus seinem Mundwinkel plötzlich einen Froschschenkel herausragen, und dann spuckte der Artist allmählich wieder die ganze Schar von Fischen und Fröschen in ihre Behälter zurück.

Das Busch-Gebäude wurde 1920 in ein Kino umgewandelt, gegen Ende des Zweiten Weltkrieges wurde es zerstört.

Der große Konkurrent Buschs war *Albert Schumann,* der 1893 in Berlin ein Gastspiel veranstaltete und 1899 das ehemalige dortige Renz-Gebäude pachtete. 1903/1904 wurde sein Zirkusbau in Wien in der Märzstraße von Heinrich und Franz Stagl errichtet, der Raum für 3200 Personen bot. (Im gleichen Jahr erbaute er noch in Frankfurt das Schumann-Theater.)

Albert Schumann war der berühmteste Mann einer berühmten Zirkusdynastie, als Freiheitsdresseur und Schulreiter gelangte er zu Weltruf. Sein Zirkus wird vor allem als Pferdezirkus in den Annalen festgehalten. Zu seinen Attraktionen gehörte die „Fontaine hippique" mit 12 Rappen und 1 Pony, das Lipizzaner-Akrobatenquartett, das Bettpferd „Good Night", die Bierbrauerpferde, die in und auf Tonnen arbeiteten, die Spielkartenpferde, die fahrenden Kaskaden mit ungarischen Juckern, die Pußtapferde und vieles andere mehr, alles Leistungen von großer Eleganz und Schönheit. Sein übriges Programm war durchaus von der zirzensischen Vielfalt der Zeit geprägt, auch die Zirkuspantomime war vertreten, allerdings weniger als bei Busch.

Nach weltberühmten Unternehmen, wie Busch oder Schumann, hatte Wien im Jahre 1920 einen neuen ständigen Zirkus bekommen, den *Zirkus Zentral,* der in einer aus dem Ersten Weltkrieg stammenden Halle gegenüber dem Busch-Gebäude errichtet wurde. Direktor dieses Unternehmens, das zwar keine internationale, aber doch eine sehr beachtliche lokalgeschichtliche Bedeutung erlangte, war bis 1937 *Jakob Staub,* der dann nach den USA emigrierte. Der Zirkus besaß außer einer kleinen Menagerie keinen eigenen Tierbestand, doch haben sich hier zahlreiche Artisten und auch ganze Unternehmen internationalen Ranges präsentiert. Billy Jenkins, der in seinem Cowboy-Akt vom galoppierenden Pferd aus Luftballons herunterschoß, dem Partner mit einer langen Peitsche das im Mund gehaltene Stück Papier in Fetzen schlug und Adler in die Manege brachte, oder Kapitän Wall, der mit Alligatoren und Krokodilen in einem Wasserbassin herumschwamm, mit den Tieren scheinbar kämpfte, auf ihnen ritt und schließlich sogar seinen Kopf in den aufgeklappten Rachen einer der Echsen steckte, waren aufpeitschende Sensationen, wie sie eine unruhige Zeit geradezu forderte. Bei Zentral gastierten auch Kapitän Schneiders Quovadis-Löwen; Schneider wurde ja als Zirkus der 100 Löwen bekannt, wenngleich niemals, wie manchmal berichtet wird, 100 Löwen zugleich in der Manege waren, was dem Raum nach auch gar nicht möglich gewesen wäre. In seiner Zucht waren freilich hundert oder mehr Exemplare vorhanden, von denen aber ein Teil stets im Babyalter war. Die Schulreiterin Therese Renz, der Spanier Arturo Manzano, der vom Pferd aus eine Gruppe von Kampfstieren vorführte, die fliegenden Menschen Wallendas und der Tierhypnotiseur Labero, der mit Löwen, Krokodilen, Riesenschlangen und Adlern die verschiedensten Experimente durchführte, seien als weitere aufsehenerregende Darbietungen aus der Geschichte dieses Unternehmens genannt.

Zentral huldigte gelegentlich auch noch dem allmählich aus den Zirkusprogrammen verschwindenden Manegen-Schaustück und brachte Ausstattungsrevuen – die Grenzen zwischen den beiden Genres waren ja fließend –, und in dem 1925 aufgeführten Ausstattungsstück „Rund um den Stephansturm" traten Anny Linder als Schusterbub, Willy Bauer als Fiaker, Turl Wiener als Firmgöd und Hans Moser als Dienstmann auf. Als man 1928 des hundertsten Todestages Franz Schuberts gedachte, führte man eine Schubert-Revue auf, was uns als besonderes Kuriosum erscheint.

Der Umbruch in den sozialen Verhältnissen nach dem Ersten Weltkrieg fand auch im Bereich des Zirkus seinen Niederschlag. Die stationären Unternehmen, die einst tonangebend waren, verloren immer mehr an Bedeutung, und die Führung übernahmen die reisenden *Zelt-Zirkusse* (Chapiteau-Zirkusse). Manche der Zirkusgebäude wurden demoliert oder für andere Zwecke umgebaut (man denke an das Busch-Kino in Wien oder an das durch den Umbau des Zirkus Schumann in Berlin geschaffene Große Schauspielhaus), oder sie dienten als Gastspielstätten verschiedener Unternehmen wie z. B. das Renz-

Gebäude in Wien; daneben bildeten sie auch die Winterspiel-stätten der während der übrigen Jahreszeiten reisenden Zir-kusse. Der stationäre Zirkus hatte sich vielfach, wenn man seine durchschnittliche Plätzeanzahl von 3000 Personen be-denkt, als zu klein und damit als unrentabel herausgestellt, und die reisenden Großzirkusse, die freilich auch viel krisenanfälli-ger waren, knüpften inhaltlich und formal an das amerikani-sche Vorbild an und boten mit ihren Riesenzelten bis zu 10 000 Zuschauern Raum. Die reisende Menagerie verlor viel-fach ihre Selbständigkeit und wurde zu einem Anhängsel des Chapiteau-Zirkus, sie wurde zur Tierschau, in der nicht nur die in einem Programm auftretenden, sondern auch eine Reihe lediglich zu Schauzwecken mitgeführter Tiere gezeigt wurden. Der Zirkus selbst wurde seiner Publikumsstruktur nach zur vielschichtigsten Vergnügungsstätte überhaupt; Max Reinhardt prägte das Wort: „Wir Theaterleute holen unser Publikum in unsere Häuser, der Circus hat das ganze Volk." Im Zuge der Reduktion der stationären Zirkusse kam auch die Zirkuspanto-mime, wie erwähnt, bis auf da und dort noch durch einige Zeit auftauchende Einzelfälle zum Verschwinden, und das Publikum schien auch kein sehr großes Bedürfnis mehr nach diesem Genre zu verspüren. Das war im gesamten deutschsprachigen Raum so. Von reisenden Großzirkussen, wie sie Deutschland mit Krone, Sarrasani, Carl Hagenbeck oder Gleich hervorbrachte, gab es in Österreich nur einen einzigen – *Kludsky*. Der aus Böhmen stammende Kludsky war schon vor dem Ersten Weltkrieg in Wien öfters zu Gast gewesen, wo ihm in den zahlreichen noch unverbauten Plätzen der Vorstadt genügend Terrain zum Auf-bau seiner Zeltstadt geboten wurde. Der Erste Weltkrieg hatte dann insbesondere durch Personalmangel, kriegsbedingte Requi-sition der Pferde und mangelnde Futterbeschaffung das Unter-nehmen bis an den Rand des Ruins geführt. Der Vergnügungs-taumel nach Beendigung des Krieges brachte es mit sich, daß Kludsky seinen Zirkus in relativ kurzer Zeit wieder aufbauen konnte. 1925 spielte Kludsky im Prater nächst der Rotunde und präsentierte ein Programm von über 40 Nummern, das in drei Manegen und auf zwei Bühnen abrollte. Neben zahlreichen artistischen Darbietungen fesselten vor allem die Gruppen von dressierten Löwen, Tigern und Eisbären, die eleganten Freiheitsdressuren und der Auftritt von 20 Elefanten. Nach einer verhältnismäßig kurzen Glanzzeit gestaltete sich die Erhaltung des Unternehmens immer schwieriger und führte im Zuge der Weltwirtschaftskrise, nachdem Kludsky 1933/34 im Zirkus Zentral Quartier genommen und 1934 in Wien auch noch kurz Vorstellungen gegeben hatte, im selben Jahr zur Auflösung des Unternehmens. Zirkus Zentral selbst stellte 1937 seine Vorstellungen ein, das Gebäude wurde 1942 abgebrochen.

Zwei Zirkusunternehmen der sogenannten guten mittleren Größe trugen ihren Ruf weit über die Grenzen unseres Landes, zwei Chapiteau-Zirkusse, die als die typischen Repräsentanten des Wiener Zirkus angesehen wurden und bis in die jüngste Gegenwart wirkten – Medrano und Rebernigg.

Medrano entstand aus dem als kleines Familienunternehmen im Jahre 1904 von *Ludwig Swoboda* gegründeten und an der Peripherie von Wien auf einer der „Gstetten" ins Leben gerufenen *Zirkus Lajos*. Ludwig Swoboda war selbst schon im Wohnwagen eines kleinen Zirkus geboren worden, der seinem Vater gehört hatte und mit ein paar Pferden und Wägelchen in Niederösterreich und im damals noch zu Ungarn gehörenden Burgenland rumpelnd über die staubigen Straßen von Dorf zu Dorf gezogen war. Im Verein mit seiner Frau Therese, die aus der aus Böhmen stammenden alten Komödiantenfamilie der Karfiols kam, gelang es dem jungen Prinzipal, den Zirkus Lajos über die schweren Jahre des Ersten Weltkrieges zu bringen und allmählich zu einem Unternehmen von recht beachtlicher mittlerer Größe zu entwickeln. Unter dem Namen „Medrano" verließ der Zirkus 1920 Österreich, und seine Route führte ihn durch Polen, Ungarn und die Balkanländer bis tief nach Rußland hinein. Medrano, der 1933 wieder nach Österreich kam und auch des weiteren vor allem hier wirkte, trug die Bezeichnung „Der Wiener Circus". Die Bevölkerung hatte ihn neben Rebernigg wohl auch als solchen empfunden, und ihrer Beziehung zu ihm haftete etwas familiär Gestimmtes an, wie das Verhältnis zu einem Volksschauspieler, es war eben „ihr" Medrano. Sechs Töchter waren der Ehe von Ludwig und Therese Swoboda entsprossen, von denen drei – Therese, Wanda und Anita – durch einen Reit-Balance-Akt von besonderer Schönheit den artistischen Weltruhm errangen. The Three Sisters Medrano waren nicht nur immer wiederkehrender Glanzpunkt des väterlichen Unternehmens, sie gastierten auch als Sensation ersten Ranges in den großen internationalen Zirkussen und Varietés.

Zirkus Rebernigg, dessen Popularität bei der österreichischen Bevölkerung die von Medrano noch übertroffen hat und der den Titel „Der österreichische Nationalcircus" führte, geht entwicklungsgeschichtlich auf *Louis Rebernig* (oder Rebernik) zurück, der 1810 als Sohn des aus Krain stammenden Bauern Josef Rebernig geboren wurde und als Schausteller mit einer kleinen Menagerie durch die Lande zog. Eine andere weit verbreitete Gründungsgeschichte hat sich als nicht haltbar erwiesen. Danach soll die aparte Tochter des Leibarztes Ludwigs XVI., de Cortie, auf der Flucht vor der Französischen Revolution nach Ferlach in Kärnten gekommen sein und dort den Müller Willibald Rebernig geheiratet haben; Louis Rebernig sei ein Sohn aus dieser Ehe gewesen. Nun, die Reberniggs wurden zur ältesten österreichischen Zirkusdynastie, und ihr Unternehmen wurde im Laufe der Geschichte zu einem Zirkus internationalen Rufes, der es in seinen Programmen zwar nicht an Quantität, aber doch immer wieder an Qualität mit so manchem Großzirkus des Auslandes aufnehmen konnte. Dieses Renommee verdankt der Zirkus primär seinem 1880 in Niederösterreich geborenen Direktor *Carl Rebernigg,* der als der great old man des österreichischen Zirkus galt, und seiner Frau Wilhelmine, die als geborene Nemec ebenfalls einem alten Zirkusgeschlecht entstammte. Rebernigg (wie auch Medrano) war ein Unternehmen durchaus patriarchalischer Struktur, die Söhne Karli, Emil und Rudi, die Schwiegertöchter und die Enkel arbeiteten im väterlichen Betrieb. Karli, der auch die Nachfolge in der Direktion antrat, wurde durch seine Löwennummer international bekannt, Emil lenkte Pferde und Elefanten und Rudi, der sich auch fallweise als Prinzipal kurzfristig selbständig gemacht hat, zählte vor allem zur Gilde der Lustigmacher. Rebernigg und Medrano werden uns noch beim Besprechen der jüngsten Vergangenheit begegnen.

VII

STERNE DES VARIETÉS

Es waren nicht allzu viele Stätten auf der Welt und keine zweite in Wien, wo sich so viele Stars der leichten Muse im Laufe der Zeit ein Stelldichein gegeben haben, wie im *Varieté Ronacher*. Das Wort „Star" selbst wurde ja im Schoße der Music-hall geboren, des englischen Typus des Varietétheaters, und wenn man durch mehr als ein halbes Jahrhundert von Sternen des Varietés gesprochen hat, so ist diese in den Affichen immer wieder verwendete Klischeebezeichnung immerhin sehr treffend, denn es ging um Persönlichkeiten, die wirklich so etwas wie ein Leuchten ausstrahlten, das lange Zeiten überdauerte und in vielen Fällen auch heute noch nicht verblaßt ist.

Einer der ersten Stars, wenngleich mehr von lokalhistorischer Bedeutung, war *Georg Jagendorfer*, der 1890 im Ronacher auftrat und in einer Zeit reüssierte, in der – unter dem Einfluß des Kraftsports – das Interesse für starke Männer besonders groß war. Wien stellte in diesen Jahren eine Reihe von Weltmeistern im Stemmen, und Jagendorfer, der auf diesem Gebiet Außerordentliches vollbrachte, versetzte das Publikum in größtes Erstaunen. So hob er gewaltige Lasten auf, lud sich Hundertliterfässer auf den Rücken und trug sie fort, trieb Nägel mit der bloßen Hand in hartes Holz und ließ sich einige Bretter über den Körper legen, auf denen dann mehrere Personen herumtrampelten. Wenn man will, kann man in ihm, in gemäßigt wienerischer Art, ein sozialrevolutionäres Symbol sehen, denn auf einer seiner Abbildungen hebt er zwei Aristokraten wie federleichte Puppen in die Höhe. Jagendorfer wirkte auch tatsächlich ein wenig verändernd auf die Publikumszusammensetzung ein, denn nun erschienen auf einmal Leute im Ronacher, die man hier nie gesehen hatte. Die Anhänger des Kraftsportes, die das Etablissement förmlich stürmten, gaben ihrer

Begeisterung in urwüchsigen Worten lautstark Ausdruck, und das sogenannte bessere Publikum, vor allem die Aristokratie, fühlte sich von diesem Einbruch peinlich berührt. Man war ja so gerne Gast bei Ronacher, hier hatte ein homme du monde für erlesene Unterhaltung gesorgt, und nun kamen Scharen der „Leute vom Grund", und so mancher bisherige Stammbesucher trug den Kopf noch höher, vielleicht weil er fürchtete, einen Schweißgeruch einatmen zu müssen, und blieb dann dem Etablissement für einige Zeit überhaupt ferne. Es gab Beschwerden der nunmehrigen Aktionäre (auf seiner Suche nach Geldgebern hatte das Varieté diese in einer Londoner A. G. gefunden), und man berief eine Versammlung ein, wo man erregt den „plebejischen Umschlag" diskutierte; in summa blieb es wohl ein Intermezzo, dem keine allzu große Bedeutung beizumessen ist.

1892 gab es mit dem Auftritt der amerikanischen Tänzerin *Loie Fuller* ein großes Ereignis. Die Fuller, die sich selbst als „une fanatique de la couleur" bezeichnete, setzte als erste die Sprache des Lichtes für ihren Tanz ein. Es war ein Lichterspiel der Farben in pausenlos wechselnder Schattierung und Bewegung, so daß es verständlich ist, wenn die Künstler des Impressionismus ihr begeistert zustimmten. Ihre faszinierende Kunst bestand darin, daß sie den Wechsel der über sie eilenden Farbströme von Rot, Gelb, Blau, Grün, von Blaurot, Rotgelb, Grünblau und all den zahlreichen Nuancen mit ihren eigenen Bewegungen genau in Übereinstimmung zu bringen wußte. Toulouse-Lautrec malte sie als einen hexenhaft schwebenden Farbschleier, Mallarmé bewunderte ihre „métamorphoses fantasmagoriques", und Jean Lorrain rief aus: „La Loie Fuller ne brûle pas, elle est la flamme elle-même . . ." (Die Fuller ist nicht bloß der Rauch, sie ist das Feuer selbst.) Isadora Duncan schilderte, wie die Fuller zu Licht zerfloß und sich schließlich in wundersame flammende Mäander auflöste, die aus der Unendlichkeit zu leuchten schienen. Loie Fuller, Schöpferin des berühmten Serpentinentanzes, bediente sich einer Fülle von Projektionsapparaten und ließ ihre Riesenschleier im Wirbel des Tanzes raffinierte Licht- und Schattenspiele hervorbringen. In ihrem „danse du feu" (Feuertanz), den sie, von unten beleuchtet, auf einem Glasboden ausführte, schien sie in Gluten zu schweben, schien zu glühen, zu verbrennen, man sah durch ihren Körper geradezu hindurch, bis sie mit einem Ruck zusammenbrach und noch einmal eine Feuersäule emporschoß. Wenn der Vorhang fiel, dann dauerte es langwährende Sekunden, bis sich das Publikum mühsam fassen und daran erinnern konnte, daß es überhaupt im Theater saß.

1893 wurden auf der Weltausstellung in Chicago fünf leibliche Schwestern entdeckt, die *Five Sisters Barrison*. Folies Bergère holte sie nach Europa, Berlin mit dem Wintergarten und Wien mit dem Ronacher folgten, denn die Barrisons mußte man gesehen haben, es war eine geradezu kategorische Parole, die einen da aus den Zeitungen und von den Plakatwänden ansprang. Die Barrisons waren bezaubernd mit ihren kindlich-frivolen Bewegungen, mit ihren hellen und schrillen Kleinmädchenstimmen, mit ihrem langen blonden Haar, das um die kindlich wissenden Gesichter lag, die einem aus den Wandkalendern und aus den Schränken der Kasernen entgegensahen. Sie entzückten mit ihrem schamhaft-schamlosen Spiel in ihren trikotverdeckten Beinen und ihren spitzenverhüllten Popos und mit ihren über Nacht berühmt gewordenen Liedern, etwa dem „Lingerlongerlootakt":

> Linger longer, Lucy,
> Linger longer, Loo,
> How I love to linger, Lucy,
> Linger longer you,
> Listen while I sing Ah,
> Promise you'll be true,
> Linger longer, longer linger,
> Linger longer, Loo.

Arthur Moeller-Bruck schrieb 1902 in seinem Buch „Das Varieté": „. . . Die Barrisons haben ein Stück Lebenslust in

Europa freigemacht . . ." Und an anderer Stelle: „Die Barrisons tanzten in der Tat die Sünde, während es schien, als ob sie die Tugend tanzten, die so keusch ist, daß sie sich sogar in Spitzenhöschen zeigen kann. Freilich tanzten sie nicht schreiende, blutrote, mordende Sünde, sondern alle ihre irisierenden Heimlichkeiten, die nicht aus der Brunst kommen, vielmehr aus der verfeinerten Lasterhaftigkeit letzter Kultur."

1893 kam auch *Yvette Guilbert* ins Ronacher. Pariser Berühmtheiten sind ja immer schon Weltberühmtheiten, und so wußte man natürlich auch in Wien über ihr Aussehen allgemein Bescheid, kannte die Karikaturen, die Toulouse-Lautrec von der rothaarigen Diseuse im weißen Seidenkleid mit den langen schwarzen Handschuhen gezeichnet hatte, man war mit ihrem Aufstieg und dem dazugehörigen Klatsch vertraut und wartete mit Spannung auf den Abend ihres Debüts. Der Erfolg war das, was man als beispiellos bezeichnet, und die Guilbert gesehen zu haben, war sozusagen eine gesellschaftliche Obligation. Mit zarter und dann wieder heiserer Stimme sang sie aggressiv pointiert ihre Lieder vom Glanz und vom Schmutz der Welt, es waren Chansons von Schicksalen, die sie malte und persiflierte, innig, leidenschaftlich, frech und zynisch, aus träumerischer Liebesversunkenheit gab es ein häßliches Erwachen an einem grauen, regnerischen Morgen, und Übermut vermochte jäh in ein gespenstig schauerliches Notturno umzuschlagen. In den Anfangsjahren des 20. Jahrhunderts machte sich auch die *Lebende Photographie* im Varietéprogramm in verschiedenen Vorführungssystemen, wie dem Kosmograph oder dem Bioskop oder schließlich dem Kinetograph, immer stärker bemerkbar. Die Geschichte des Films ist ja in ihren Anfängen überhaupt untrennbar mit der Geschichte des Varietés verbunden, denn einerseits wurden Akteure des Varietés und Zirkusses zu solchen der Leinwand (Filmburleske), anderseits gehörten Filmprogramme von 15 bis 20 Minuten Dauer in dieser Zeit zum Repertoire zahlreicher Varietébühnen und natürlich auch zu dem des Ronachers. Hier sah man etwa „Die Entlassung des Hauptmannes von Köpenick aus dem Gefängnis" oder „Graf Zeppelins letzte Fahrt" oder den Anmarsch irgendeines Bataillons in den Krieg, worauf das Publikum zu jubeln und stürmisch Applaus zu spenden anfing und die Zelluloidsoldaten gleich ein zweites Mal marschieren mußten, was wohl sehr deutlich die Zeitstimmung wiedergibt.

Das Ronacher hatte übrigens 1904 einen großen Konkurrenten bekommen, das *Apollo,* das sich als internationales Großstadt-varieté präsentierte und als dessen Leiter und dann auch Eigentümer *Ben Tieber* fungierte. Strukturell ist zwischen den beiden Häusern wohl kaum ein Unterschied gewesen, denn hier wie dort gab es das bunte Varietéprogramm mit Akrobaten der verschiedenen Disziplinen, vielleicht auch eine oder zwei Dressurnummern, mit Vortragskünstlern, Sängern, Diseusen, Tänzerinnen, oft auch mit Kinovorführungen und vielfach mit einer Kurzoperette angereichert, mit einem Sketch, einer kleinen Komödie, einem Schwank, einem Tanzspiel oder einer Pantomime. So spielte man beispielsweise im Apollo im Oktober 1906 die vieraktige Pantomime „Das Gewissen" mit Severin, dem berühmten Pierrot-Darsteller der Zeit, und brachte im selben Programm eine Burleske von Arsène Courtier „Georges Hochzeitstag" mit Eugen Burg als Protagonisten, der z. B. auch in der Burleske „Mein Töchterchen" von Labiche, die im Feber 1907 über die Bretter des Apollo ging, die Hauptrolle innehatte.

1908 gelang dem Apollo mit *Olga Desmond,* der Berühmtheit der Berliner Schönheitsabende, ein Engagement besonderer Art, das 1909 seine Wiederholung fand. Olga Desmond, die 1908 im Berliner Mozartsaal zum ersten Male aufgetreten war, hatte ein gewaltiges Rauschen im deutschen Blätterwald hervorgerufen, und im Abgeordnetenhaus war eine erregte Debatte über sie geführt worden, denn das Mädchen, das als Sinnbild der Anmut und Schönheit gefeiert wurde, war für die sogenannten Sittenapostel ein ergiebiger Stoff zur Polemik geworden. Wie oft hat sich doch derartiges in der Theater- und Filmgeschichte ereignet, die Konsequenzen waren meist ein erregtes Für und Wider im Publikum, das sich in vollen Kassen der Direktoren oder Produzenten niederschlug. Olga Desmonds eigentümliche Tanzkreationen wurden von den Kritikern ihrer Zeit wegen ihrer Harmonie und schwebenden Grazie mit dem Attribut klassisch bezeichnet, wobei vielfach gängige Musikstücke, wie die Barcarole aus „Hoffmanns Erzählungen" oder der Walzer aus „Margarethe", die musikalische Basis ihrer Schöpfungen bildeten. Olga Desmond stellte auch lebenden Marmor dar, und die Schönheit ihres nackten Körpers erinnerte an eine attische Skulptur.

Als es während des Ersten Weltkrieges nur mehr in sehr beschränktem Umfang möglich war, internationale Varietékräfte zu bekommen, ging man zumal im Apollo dazu über, Operette zu spielen. Desgleichen nahm sich das Ronacher zeitweise der Operette an, und unter seinen zahlreichen Direktoren war auch *Oscar Straus*. Aber auch dem Geschehen des Weltkrieges wurde in der Programmgestaltung Rechnung getragen; so spielte man etwa 1916 im Ronacher „Die Wacht an der Adria", als hervorragendsten bühnentechnischen Akt der Gegenwart bezeichnet. Im Jahr vorher hatte der Zirkus Krone mit dem Schaustück „Weltbrand", das mit einem Monsterapparat von Menschen und Pferden im Zirkus-Busch-Gebäude in Szene gegangen war, dem Frontgeschehen seinen Tribut gezollt.

Die Zeit nach dem Ersten Weltkrieg brachte eine hektische Hausse auf dem Vergnügungssektor, ein geradezu orgiastisches Nachtleben, und zahlreiche Vergnügungsstätten, wie die Femina, das Maxim, das Monte Carlo, Max und Moritz, Mascotte, das Schwarzenberg-Casino, das Margarethner Orpheum etc., boten sich dem von einer fiebrigen Fröhlichkeit geschüttelten Publikum dar. Ronacher und Apollo waren die zwei starken Konkurrenten, die einander fortwährend zu übertrumpfen suchten. Der Apollo-Chef Ben Tieber schien dabei den Sieg davonzutragen, indem er mehr und mehr „Nacktes" in seine Programme aufnahm, während das Ronacher offensichtlich auf der Verliererstraße wanderte, obwohl es wieder internationale Programme von buntester Vielfalt brachte und sich bemühte, den verschiedensten Geschmäckern Rechnung zu tragen. So gab es beispielsweise im November 1922 Hermann Leopoldi, das Gastspiel des Pradler Bauerntheaters mit dem komischen Ritterdrama „Der Fenstersturz der Jungfrau" und ein Bläsersextett der Wiener Staatsoper, das u. a. Weisen aus dem heute völlig antiquierten „Trompeter von Säckingen" erklingen ließ. Schon sprach man von einer Dämmerung des herkömmlichen Nummern-Varietés, als dem Ronacher 1923 mit dem Engagement des Athleten *Siegmund Breitbart* der große Coup gelang. Breitbart bog fingerdicke Eisenstangen zu Hufeisen, er zerbiß Stahlketten, trieb (wie einst Jagendorfer) lange Nägel ohne Hammer in dicke Bretter, legte sich einen Steinblock auf seine Brust und ließ Männer mit Hämmern darauf losschlagen u. ä. Als sich einmal eine Anzahl von Athleten auf das Podium drängte und die Produktionen Breitbarts für Schwindel, für Artistentricks mit vorbereitetem Material erklärten, gab es einen riesigen Eklat, den möglicherweise der Konkurrent Apollo, so munkelte man, in Szene gesetzt hatte. Die Forderung der Schwergewichtler „Unser Eisen soll er beißen!" wurde vom Publikum mit Pfui-Rufen beantwortet. Breitbart war auf das äußerste erregt und fühlte sich in seiner Ehre als Artist zutiefst verletzt, und der damalige Direktor Dr. Rosner erschien auf der Bühne, um Breitbart von dem gefährlichen Experiment abzuhalten. Doch Breitbart nahm die Stahlstange, die ihm die Kraftsportler gereicht hatten, und im Handumdrehen hatte er sie gebogen. Er erklärte, daß er auch versuchen würde, die besonders gehärtete Eisenkette, die ihm überbracht worden war, zu zerbeißen, da man seine Anständigkeit als Artist in Zweifel gezogen habe. Breitbart nahm die schwere Eisenkette zwischen die Zähne, konzentrierte seine ganze gewaltige Kraft, probierte mehrmals, währenddessen das Publikum vor Aufregung zu schreien anfing, bis auf einmal ein gewaltiges Knirschen ertönte – Breitbart hatte auch diese Kette entzweigebissen. Der Sprecher der Sportler entschuldigte sich beschämt, Wien aber geriet geradezu in einen Breitbart-Rausch, es gab sogar eine Breitbart-Redoute – und 120 ausverkaufte Vorstellungen im Ronacher. 1925 kam *Grock,* der zum Symbol genialer Clownerie auf der ganzen Welt schlechthin geworden war, und dessen Späße Alfred Polgar „Kurzschlüsse zwischen Vernunft und Trieb" und „Kompensierung äußerster Ungeschicklichkeit durch äußerste Geschicklichkeit" genannt hatte. Nun war er mit seinem ewig vergnügten Lächeln, das die Freude am eigenen Spaß ausdrückte, in seinem hell karierten Rock, mit der Glatzenperücke, den weißen Handschuhen und den schon damals legendären Requisiten, wie der kleinen Geige, dem widerspenstigen Geigenbogen, dem Klavierdeckel, der Konzertina und dem zerbrochenen Stuhl, erschienen und hatte mit seiner superben Clownerie wie überall das Publikum in seinen Bann gezogen. Wenn wir das Wesen seiner Komik in wenigen Worten zu charakterisieren versuchen, dann können wir sagen, daß es das Meistern einer Situation, das Überwinden eines Mißerfolges mittels einer völlig unerwarteten, eben einer Grockschen Lösung war, die er mit seinem berühmten „Nit mööööööööööglich" quittierte.

Und Wien erlebte im Ronacher auch das Jongleurwunder *Enrico Rastelli.* Rastelli, der früh verglühte, dessen Kunst, wie ein Kritiker einmal schrieb, etwas Mozartisches an sich hatte, schuf auf dem Gebiet des Jonglierens Einmaliges, nie vorher Gesehenes auf der Grundlage eines phänomenalen Naturtalentes und einer gigantischen Arbeit an sich selbst, die so maßlos war, daß der Künstler ihr Opfer wurde. Mit 35 Jahren waren seine Kräfte verzehrt. Er starb am 13. Dezember 1931 in Bergamo. Sein Name war wohl einer der größten Kassenmagneten in der Geschichte des Varietés, und schon zu seinen Lebzeiten ein Mythos. Und wie es so oft in der Artistik der Fall ist, beschworen Rastellis Erfolge eine regelrechte Nachahmerschaft herauf, sein geniales Können wurde zum Maß der Anforderungen für alle Jongleure.

Der große Schrei der zwanziger Jahre war die *Revue,* und sie

zeigte sich in den verschiedensten Varianten und Typen, die gleichwohl nicht immer genau abzugrenzen sind. So gab es die Satirische Kleinkunstrevue, die Revue-Operette, die große Ausstattungsrevue und die Varieté-Revue, und schließlich wurde auch der Revue-Film geboren. Das Publikum liebte die Revue und genoß sie in vollen Zügen, und Hölle und Femina, aber auch Ronacher und Apollo, die in diese Richtung schwenkten, machten volle Häuser. „Wien, gib acht" war der Sensationserfolg im Ronacher, die große Ausstattungsrevue von Bruno Hart und Karl Farkas, in Szene gesetzt von Emil Schwarz, die zwischen 1922 und 1924 einige hundert Male gegeben wurde. Louise Krauss und Christl Mardayn, die Nackttänzerin Edmonde Guy und ihr Partner Ernest van Düren, Lilian Harvey (damals noch kein großer Star) spielten hier nebst vielen anderen mit, die Deutschmeister marschierten auf, und Hans Moser wurde als großer Schauspieler darin gefeiert. Hier gab er seinen berühmt gewordenen Pompefuneberer; das Geschehen ging davon aus, daß sich die Träger der Leichenbestattung im Stockwerk geirrt hatten und in eine schon leicht beschwingte Hochzeitsgesellschaft gerieten. Moser als Anführer der Leichenträger war völlig fassungslos über die, wie er vermeinte, fidelen Erben, und sein borniertes Insistieren, daß hier ein Toter weggeschafft werden müßte, war ein Glanzstück des schwarzen Humors. Auch seine berühmte Dienstmann-Szene war hier eingebaut, deren Redewendungen ja zu klassischen Ausdrücken des Wienerischen geworden sind und nichts anderes als ein Vorwand dafür waren, daß er den Koffer nicht tragen konnte. Ein, wie Anton Kuh sagte, moralisches Kolleg, vorgetragen am Rande der Gereiztheit, aber noch voll neuropathischer Milde: „Dreinreden vertrag ich net, das macht mich nervös."
Operette oder Revue? Mit dieser Frage wandte sich die Wiener Zeitschrift „Die Bühne" im April 1926 an eine Reihe Prominenter und stellte den Antworten ein Essay des Kunstkritikers H. H. Stuckenschmidt voran, der darüber u. a. schrieb: „. . . Prunk, Farbe, Nacktheit, neueste Witze, erregende Musik,

10 Der Musikhumorist Mister Kock. Photographie, 1880.
11 Der Kunstradfahrer Kaufmann. Photographie, 1880.

12 Deckblätter von Programmheften (Apollo 1907, Ronacher 1922).

13 *Dompteur Henry Peper im Zirkus Zentral, 1932.*

14 *Karah Khavak mit Alligatoren im Circus Carl Hagenbeck.*

Tempo, Clownerie, Spannung, Mode, Blasphemie, pathetischer Rausch, etwas fürs Herz, Zote, Ironie – das sind ihre Requisiten . . . Apologie des Vergänglichen und ein grandioser, sinnloser Gottesdienst der Sinne, das ist ihre Formel . . . Sie nimmt uns alle Sorge, gibt uns alle Schönheit der Welt, zeigt uns wie in einem Zauberspiegel alle unsere Träume und Phantasien . . . Dichter und Musiker! Schafft Revuen!" Die Revue hat kein spezifisches Publikum, schrieb Stuckenschmidt, sie wendet sich wie der Gassenhauer und der Detektivroman an alle. „An alle" hat auch die große Revue im Ronacher geheißen, die 1925 über die Bretter ging, als ein theatralisches und gesellschaftliches Ereignis ersten Ranges, das durch die Fülle des Dargebotenen überwältigte und bei der freilich sogar der Schatten einer zusammenfassenden Handlung vermieden wurde. Die eigentliche Revue war ja ihrer Natur nach kein Theaterstück, wurde aber in Wien doch bis zu einem gewissen Grade durch eine durchlaufende Idee dazu gemacht; ihr wurde zumindest das Skelett einer Operettenhandlung mit Konflikt und Finale eingegliedert. „Journal der Liebe", die Revue-Operette von Karl Farkas und Fritz Grünbaum mit der Musik von Egon Neumann, die 1925 im Bürgertheater mit 24 Donaugirls, großem Orchester, Jazzband, Zigeunerkapelle, Schrammelquartett etc. herausgebracht wurde, und „Wien lacht wieder" 1925/27 von und mit Farkas und Grünbaum im Stadttheater entsprachen diesem Trend. Und das Apollotheater hatte eine große Revue in 16 Bildern gestartet: „Apollo? Nur Apollo!" Fritz Grünbaum und Willi Sterk waren die Autoren, Beda hatte die Gesangstexte geschrieben und Robert Katscher die Musik, und eine Reihe anderer Prominenter fungierten als Autoren von Einlagen. Die 24 Champagner-Girls und die 20 Apollo-Girls vertraten dieses nun einmal zu jeder Revue unabdingbar gehörende Element, Robert Nästlberger, Sigi Hofer (als Goldstone) und Josef König (als Silbinger) waren Protagonisten an verschiedensten Orten, etwa bei „Gerngroß führt alles" oder „Im Urwald von Wien", und im „Auge der Kwannon" räkelte sich Yvonne

Molène als Tempeltänzerin in strahlender Nacktheit, die Schlange vor sich hinhaltend als Urbild der triebhaften Frau. Die wirtschaftlichen Verhältnisse gegen Ende der zwanziger Jahre brachten ein Theatersterben mit sich, so manche Bühne rang um ihren Bestand oder mußte (wie 1929 das Apollo) in ein Kino umgewandelt werden. Im Ronacher, zwischenzeitlich zur Operette und zum Volksstück übergegangen, hatte sich eine gewaltige Schuldenlast im besonderen auf dem Steuersektor angesammelt, und langsam begann es auch im Haus auf der Seilerstätte still zu werden. Niemand wollte seine Regentschaft antreten. Da erschien 1930 *Bernhard Labriola,* und mit ihm begann eine völlig neue Ära, in der das Varieté wiederum Glanzzeiten entgegenging. Labriola, der einer neapolitanischen Familie entstammte und 1890 in Darmstadt geboren war, hatte es als Schwergewichtsmeister zu Weltruhm gebracht und bereits eine ansehnliche Reihe von Vergnügungsstätten geführt. Ihm gelang es, das finanziell stark angeschlagene Haus wieder in kürzester Zeit auf gesunde Beine zu stellen, das Ronacher wurde neuerlich zum Rendezvousplatz internationaler Attraktionen. Die Leute stellten sich wiederum in Massen ein, denn auch die Eintrittspreise waren erstaunlich niedrig; es gab mehr Sitzplätze, Tische und Konsumation hatten sich aufgehört, was sich nur vorteilhaft auswirkte.

1931 holte sich Labriola *Josephine Baker,* „die göttliche Josephine", die Jean Cocteau „ein schönes Idol aus braunem Stahl, Ironie und Gold" genannt hatte. Als 1925 Josephine Baker mit einer Negerrevue nach Paris gekommen und hier zuerst im Théâtre de Champs Elysées und dann in den Folies Bergère aufgetreten war, war sie in der ganzen Welt in Kürze berühmt geworden. Was sie auszeichnete und ihr Publikum begeisterte, war die einzigartige Symbiose von hinreißender Vitalität und erotischem Fluidum mit Charme und größter Grazie. Die braune Venus, die es wagte, nur in einem Röckchen aus Bananenblättern aufzutreten, zählte 25 Jahre, als sie auf den Brettern des Ronacher stand, und daß das Varieté durch Wochen hindurch ausverkauft war, bedeutete eigentlich eine Selbstverständlichkeit.

Labriola gehörte auch zu den Aufspürern neuer Talente, und eine seiner großen Entdeckungen war *Marika Rökk*. Er stellte die blutjunge Tänzerin groß heraus, ihr Auftritt im Ronacher war entscheidend für ihre Laufbahn. Und 1933 brachte Labriola die *Mistinguett* mit ihrer eigenen großen Varieté-Revue „Voilà Paris". Die Mistinguett, die 1895 im Pariser Café Concert „Trianon" ihre Karriere begonnen hatte, und deren Weg eine ununterbrochene Kette von Triumphen war, zählte während ihres Gastspiels in Wien 60 Jahre, doch stellte man fest, daß sie wie höchstens 35 aussehe und wie eine Junge spiele, tanze und singe. Die Mistinguett, so bemerkten die Kritiker unisono, verkörpert Paris, das ohne sie einfach nicht denkbar ist. Viele ihrer Lieder sind ja in die französische Folklore eingegangen, wie „Mon homme", „Paris c'est une blonde" oder „Ca c'est Paris", und daß sie in Wien rund 100 ausverkaufte Vorstellungen hatte, ist wohl nicht überraschend. Nach dem Mistinguett-Gastspiel wäre Wien eine weitere große Sensation bevorgestanden, zu der es aber nicht kam, das Gastspiel des berühmt-berüchtigten Hellsehers Hanussen, der mit seinen telepathischen Experimenten ein Tagesgespräch in Europa gebildet hatte. Hanussen war bekanntlich ermordet worden, die Täter hatten ihn in den Wald entführt und dort ein regelrechtes Scheibenschießen auf ihn veranstaltet. Über die Motive des Verbrechens wurde viel gemutmaßt, doch wurde die Tat m. W. nie wirklich geklärt, man sah sie allerdings im Zusammenhang mit der kurz vorher erfolgten Machtübernahme Adolf Hitlers. Labriola engagierte nun statt dessen die Nelson-Revue, eine Truppe, die aus Berlin geflohen war, weil rassische Gründe ein weiteres Auftreten in Deutschland unmöglich machten, und auch der Conférencier Ehrlich aus Berlin, dem das gleiche Schicksal beschieden war, wurde verpflichtet. Nun kamen anonyme Drohbriefe an Labriola, „die Berliner Juden abzubauen", und am Tag der Premiere stand das Haus unter besonderem Polizei-

schutz, um die erwarteten Ruhestörer zu entfernen. Als es dann
so weit war und Ehrlich mit seiner Conférence begann, ging
ein Zischen und Pfeifen im Hause los, das sich bald in ein
Johlen, Schreien und Pfui-Rufen steigerte, so daß Ehrlich von
der Bühne abtreten mußte. Im Publikum entstand ein ziem-
liches Durcheinander, der Großteil wandte sich gegen die Ruhestörer, und die Polizei versuchte erfolgreich einzugreifen. Hans
Moser trat vor den Vorhang, um die Situation zu retten, aber
er wurde als Judenfreund angepöbelt und niedergeschrien. Bei
der zweiten und dritten Vorstellung war der Polizeiapparat
verstärkt worden, aber immer geschlossener gellte es von der
Galerie und den Rängen „Juden raus! Juden raus!", und die
Aufführungen mußten schließlich abgebrochen werden. Die
Nelson-Revue verließ Wien nach der Schweiz; Labriola aber
verließ das Ronacher, leitete in Budapest ein Varieté und zeich-
nete auch für einige Monate für die Vorstellungen im Wiener
Renz-Gebäude verantwortlich. Hier produzierte er „Stern der
Manege", und sein singender und tanzender Stern hieß Marika
Rökk, die auch am Trapez arbeitete und auf ungesatteltem
Pferd ritt; es war ihr erster großer Triumph, und die Ufa
hatte auch schnellstens ihre Arme ausgestreckt.

Das *Renz* stand in den dreißiger Jahren unter verschiedenen
Direktionen und wurde auch als Renz-Varieté oder Circus
Varieté Renz geführt, da dem Varieté offensichtlich eine grö-
ßere Zugkraft als dem Zirkus innewohnte. 1932 war hier
Charlie Rivel, damals noch mit seinen Brüdern René und Polo
und mit seinen Kindern Paulina, Juanito, Charlie und Valen-
tino, aufgetreten und hatte auch seine Chaplinade am Trapez
gezeigt.

„Sterne des Varietés" gab es aber auch in einem Etablissement,
das zu den großen Wiener Spezialitäten zählte, dem *Leicht-
Varieté* im Prater. Das war jene Bühne, die nur am Samstag
und am Sonntag spielte und zu ihrem Programm auch ihre
renommierte Hausspezialität, Klobasser mit Saft und Erd-
äpfeln, lieferte. Das Publikum saß auf einfachen Holzbänken,

und so mancher griff in sein Sakko und wickelte das mitgebrachte Schmalzbrot, oder was immer es war, aus dem „Papierl". Auf den Brettern der Umzäunung waren die Namen der prominenten Künstler verewigt, die hier aufgetreten sind, und es hat wohl kaum einen gegeben, der sich nicht eine Ehre daraus gemacht hätte, bei Papa Leicht zu erscheinen. Die Künstlerliste war wirklich die eines Varietés im ursprünglichsten Sinn des Wortes und reichte vom Burgtheater bis zur Kleinkunst, umfaßte die Oper wie die Operette, den Film wie den Zirkus, und was immer man noch für Theaterformen heranziehen mag. Es ist ein mehr oder weniger willkürlicher Griff, wenn wir einige der Künstler nennen, die auf diesen Brettern gestanden sind, wie Maria Jeritza, Raoul Aslan, Alexander Girardi, Paula Wessely, Louise Kartousch, Max Brod, Heinrich Eisenbach, Turl Wiener, Hermann Leopoldi, Fritz Grünbaum, Josma Selim und Ralph Benatzky oder Szöke Szakall.

Szöke Szakall war übrigens auch Star der im Jänner 1938 von Wilhelm Gyimes präsentierten Varieté-Schau „Chauffeur ins Ronacher", bei der neben Gyimes Hugo Wiener als Co-Autor zeichnete. Drei Monate später produzierte man am selben Ort, und es klingt wie ein Hohn, die Varieté-Revue „Die gute alte Zeit", und das Programmheft hob nunmehr die „arische Leitung" des Hauses hervor. „Die gute alte Zeit" sollte an die Jahre von 1890 bis zum Ausbruch des Ersten Weltkrieges erinnern, und Piecen waren etwa „Strandbad 1900", „Prater 1890" oder „Zirkus 1900".

Die politisch und wirtschaftlich so angespannten und verworrenen dreißiger Jahre bedeuteten für das Varieté eine prosperierende Zeit, ein Phänomen, das sich in Krisenzeiten schon mehrmals hat feststellen lassen und auch leicht erklärlich ist: der von den Sorgen und Unruhen geplagte Mensch wollte sich abends einem befreienden Vergnügen hingeben. Für das Varieté zählen daher diese schlechten Jahre zur guten alten Zeit.

VIII

KRIEGSJAHRE MIT HAGENBECK

Sieht man davon ab, daß Zirkus und Varieté während der Herrschaft des Nationalsozialismus von den internationalen Verbindungen zwangsläufig weitgehend abgeschnitten waren, müssen wir feststellen, daß die beiden Genres in jener Zeit beachtlich reüssierten. Der Nationalsozialismus sparte nicht mit Sympathieerklärungen für Zirkus und Varieté, die er in den Dienst seiner Propaganda stellte, es gab zahlreiche Besuche der „Führungsspitze", eine jährliche Festkundgebung deutscher Artistik u. a. m. Das Wesen der Zirzensik läßt sich ja auch als Demonstration des starken Willens deuten, und die Artistik wurde von den Nationalsozialisten als eine ihre Ideale von „Kraft und Schönheit" repräsentierende Kunst gewertet. Die Beschäftigung des Regimes mit den beiden Unterhaltungsformen lag wesentlich auf organisatorischem und wirtschaftlichem Gebiet; auf ökonomischem Sektor zeigte man ein weitgehendes Entgegenkommen im besonderen im steuerlichen Bereich, und sozialpolitisch trat man mit einer Eintrittspreisregelung, mit einem neuen Tarifvertrag, mit Ferien- und Altersheimen und anderen Momenten in Aktion. Theoretisch und somit auch kulturpolitisch hat sich der Nationalsozialismus mit dem Zirkus kaum auseinandergesetzt, die Propagierung der „Deutschen Nummer" oder dergleichen war das Postulat einiger weniger Übereifriger. Im wesentlichen sah man die Funktion des Zirkus und des Varietés wohl darin, daß sie von schweren und unangenehmen Ereignissen ablenken sollten, gleich dem unproblematischen Unterhaltungsfilm, der in der Nazizeit bekanntlich eine Hausse erlebte.

Das Zirkusleben Wiens wurde in den Kriegsjahren vor allem vom *Circus Carl Hagenbeck* beherrscht, der im Renz-Gebäude in der Zirkusgasse sein Domizil bezogen hatte. Das weltberühmte deutsche Unternehmen aus Hamburg-Stellingen hatte ja schon vordem im Renz-Gebäude gespielt, aber auch als Chapiteau-Zirkus gastiert; aus der Zeit gegen Ende des 19. Jahrhunderts und Anfang des 20. Jahrhunderts ist Hagenbeck besonders durch die Plazierung von Völkerschaustellungen in der Rotunde auf den Plan geraten.

Hagenbeck wechselte bei einer Spielzeit von sechs bis neun Monaten jeden Ersten sein Programm (im Mai 1941 spielte er anschließend an die Saison im festen Gebäude auch im Chapiteau auf der Schmelz), und wenn wir bedenken, daß daneben ja weiterhin Großzirkusse, wie Krone oder Jakob Busch (Nürnberg), im Prater gastierten und auch unsere Wiener Unternehmen Medrano und Rebernigg ihr Chapiteau hier aufschlugen, so macht man sich ein Bild von der immensen Popularität, die der Zirkus in diesen Jahren hatte, wobei die vorgenannte Aufzählung ja unvollständig ist.

Das Renz-Gebäude, von den Hagenbecks später auch erworben und in Hagenbeck-Bau umgetauft, gehörte ohne Zweifel zu den ansprechendsten Zirkusbauten aller Zeiten. Es trug jene schwer definierbare Patina, wie sie nun einmal alte Zirkusgebäude besitzen. Schon im Vestibül schlug einem ein Gemisch von Düften entgegen, das sich vorzugsweise aus dem beizenden Geruch der Raubkatzen und dem prickelnden der Pferde zusammensetzte. Hinter dem Gebäude gruppierten sich die orangefarbenen Zirkuswagen mit der Aufschrift „Carl Hagenbeck", und oft, wenn die Vorstellung begonnen hatte, schlichen Grüppchen von Zaungästen herum, die zwar nichts zu sehen bekamen, aber wenigstens auf die Geräusche lauschten, die aus dem Inneren des Baues drangen. Denn von Zeit zu Zeit wehte es Fetzen der Musik heraus, den schrillen Klang des Blechs oder den weichen der Saxophone, oder es ertönte „Musik" aus den Stallungen, wie das aufgeregte Trompeten eines Elefanten oder das heisere Bellen eines Seelöwen.

Was Hagenbeck allein in der Kriegszeit in seinem Wiener Gebäude an Darbietungen gebracht hat, würde einen beachtlichen

Band füllen; hier können nur Beispiele herausgegriffen werden. Die Liste der Tierlehrer, die im Hause Hagenbeck im Laufe der Zeit gewirkt hatten, ist sehr ansehnlich. Sie präsentierten überwiegend das, was zu den Stammnummern des Hauses wurde, die von Zeit zu Zeit in den Programmen wiederkehrten. Rudolf Matthies war der Chef der Hagenbeckschen zehn, schließlich fünfzehn Tiere umfassenden Bengaltigergruppe. Er formte in seiner Dressurvorführung aus den Bewegungen und Affekten der Tiere ein wunderbar ausgeglichenes und doch von geladener Intensität erfülltes Spiel. Die Freiheitsdressuren in jener Zeit lagen vor allem in den Händen von Lulu Gautier und Alfred Petoletti. Gautier brachte oft – und man wurde auch gar nicht müde, es zu sehen – seinen 18er-Zug von Rappen, Schimmeln und Füchsen, die tänzelnd und sich bäumend ihren Herrn umkreisten. Mit Zebras, fast blaustichigen brasilianischen Maultieren und beigefarbenen Isabellen-Ponys, die sich zu den Klängen der bekannten Donkey-Serenade vereinigten, gelang Gautier nicht nur das, was man ein Meisterstück der Dressur nennt, sondern auch eine ästhetische Leistung. Meist anschließend schnellte dann das rötliche Guanako in wirbeligem Tempo über ein paar Pferderücken und war auch schon wieder – kaum wahrgenommen – hinter der dicken roten Gardine verschwunden. Fred Petoletti holte aus „Hagenbecks Spielzeugschachtel" die Shetland-Ponys hervor und brachte sechzehn Berberhengste von Weiß bis Weißgrau, Hellgelb und Dunkelgelb, Hellbraun und Dunkelbraun bis Grauschwarz und Schwarz, deren überschäumendes Temperament immer wieder einen Ausbruch aus der Reihe suchte, in die Manege. Kalifornische Seelöwen unter der Leitung von Michael Konzelmann zeigten sich in ihrem ureigensten Metier, dem Jonglieren von Bällen, und musizierten etwas dissonant, aber mit großer Begeisterung; einer von ihnen watschelte auf dem Seil, während die „Kollegen" begeistert mit den Flossen applaudierten, und in kurzen Momenten, wenn sie auf den Hinterbeinen standen, glichen sie Figuren aus schwarzem Marmor. Und wenn die großen, runden Postamente hereingeholt wurden, dann kam Walter Kaden an die Reihe, der Capo der Hagenbeckschen Elefanten, die unter seiner Leitung ihre „Gymnastik" präsentierten. Hagenbeck hatte neben seinen eigenen Tiergruppen natürlich auch andere im Engagement: zehn Berberlöwen vom Zirkus Busch – Berlin; Karli Rebernigg, der einmal mit seinen Löwen gastierte; die aus Löwen, Tigern, Braun-, Eis- und Kragenbären bestehende „Gemischte" aus dem Tierbestand des Zirkus Cliff-Aeros; Jonnys lustige Bärenrevue und viele andere. „Togare, der Herr der Tiger", führte im Jänner 1941 seine von legendärem Ruhm umgebene Dressur vor, die geradezu als dramatische Inszenierung mit Anfang, Entwicklung und Finale anzusprechen war. Die Affichen zeigten ihn in seiner Adjustierung mit wehendem Turban, weiten orientalischen Hosen, einem kurzen Dolch in der Hand und mit braun getöntem Oberkörper, von den „fauchenden Bestien" umgeben. Er schien von dem mythisch-mystischen Geheimnis umwoben, das das Publikum bei Dompteuren liebt und das die Werbung gerne hinaustrommelt. Franz Ackerl, der Wiener Schulreiter, der auf seinen Lipizzanern „Siglavy Silvester" und „Conversano Diego" ritt, Cilly Feindt, als die deutsche Schulreiterin schlechthin bezeichnet, Inge Gautier, die mit elf Jahren die jüngste Vertreterin dieses Faches war, die Brüder Albert und Max Schumann (die übrigens auch mit dem Circus Medrano reisten) mit einem reichhaltigen Sortiment von Freiheitsdressuren seien als weitere Repräsentanten des hippologischen Elements herausgegriffen.

Auf dem Gebiet der Artistik sehen wir alle Sparten vertreten, geläufige und weniger geläufige, in immer neuen Varianten, aber auch ausgefallene Nummern. Auch Anleihen beim Varieté, wie Musikalrevuen, wurden aufgenommen (wie andererseits auch das Varieté sich immer wieder dem Zirkus zuwandte: unter den Artisten aus der Tierwelt, die beispielsweise die Bühne des Ronachers betraten, finden wir nicht nur Hunde, Affen, Seelöwen, Tauben, Papageien oder Hähne, sondern auch

Raubtiere und Elefanten). Zur Erinnerung an jene Hagenbeck-Tage nennen wir: Hadschi Murad mit seinen russischen Tänzern, seinem Balalaika-Orchester und seinen wilden Reitern, die wie ein Spuk durch die Manege stürmten; Pomi, den Mann mit den „eisernen" Schulterblättern, zwischen die er ein Stück Metall klemmte, an dem er sich in die Zirkuskuppel ziehen ließ; das Trio Palmiri mit seiner Motorsportsensation in der Luft; die bekannte Renz-Truppe auf dem Hochseil. Schäfers Liliputanerschau brachte im März 1941 in einer Manege in der Manege „Varieté und Circus ganz groß von kleinen Leuten"; das Dritte Reich fühlte sich von Liliputanern nicht gestört, man unterstrich vielmehr ihre „Niedlichkeit" (eine Bewertung, die an die einstige Einschätzung der Rokoko-Zwerge erinnert), und brachte als Demonstration des Willens zum Ausdruck, zu welch erstaunlichen Leistungen auch „kleine" Menschen fähig sind.

Hochgradige Artistik und Dressuren gibt es bekanntlich auch heute in beachtlichem Ausmaß, gute *Clowns* aber sind im Westen spärlich geworden. Das hat sicherlich auch soziale Ursachen, die in der Egalisierung und Monotonisierung des gehetzten Lebensablaufes liegen; die Clown-Entrees – von Ausnahmen natürlich abgesehen – scheinen in einer gewissen Erstarrung, Schablonisierung steckengeblieben zu sein. In den Kriegsjahren offerierten sich Clownerie und Exzentrik noch in beachtlicher Vielfalt. Die klassische Dualität des Clown-und-August-Spieles, die Kontrafaktur mehrerer Auguste gegenüber dem „Weißen" Clown brachten bei Hagenbeck die Medinis in vorzüglicher Präsentation auf dem Gebiet der Musikal-Clownerie. Hans Will & Co. füllten diesen Rahmen mit einem naiv-kindlichen Spiel, anknüpfend an die Tradition des Kasperltheaters (bzw. des Wiener Gespensterstückes); in den Colettis errangen Wiener Clowns, die das klassische Erbe mit sprühendem Leben erfüllten, internationale Bedeutung. Aber auch außerhalb des Clown-und-August-Schemas gab es Clownerie, und im besonderen auch akrobatische Exzentrik in großer

Mannigfaltigkeit: Capt. Bunte & Co. mit ihrer „Taxe 51", einem Auto, mit dem eine Reisegesellschaft die größte Pein auszustehen hat und das schließlich explodiert; Linon, „der Vagabund auf dem Bindfaden", dessen verzweifelte und von Mißerfolg begleiteten Versuche auf dem Seil immer neue unvorhergesehene Wendungen nahmen; Original-Fritschie, der als ungeschickter Hausknecht einen erbitterten Kampf mit der Heimtücke des Objektes ausfocht; die Truzzis mit ihren musikalischen Pflastersteinen und sonstigen absonderlichen musikal-exzentrischen Einfällen; die Gebrüder Miller, die „fliegenden Clowns", sind Glieder dieser Reihe. Maria Valente, der berühmte weibliche Clown, deren Kunst man als ein übermütiges Spiel mit Menschen und Dingen klassifizieren konnte, entzückte mit ihrer spritzigen grazilen Musikalkomik gemeinsam mit ihrer Familie im März 1941 das Wiener Publikum. Mit Barings störrischem Zebra oder den Hausaugusten in ihrer Stierkampfparodie wurde dem schon im antiken Theater verbreiteten Jocus, Menschen in Tierhäuten, gehuldigt.

Persiflagen auf den Kriegsgegner hat es in der Clownerie dieser Tage kaum gegeben. (Im sowjetischen Staatszirkus gestaltete Karandasch – ein Pendant zu Chaplins „Der große Diktator" – Hitler als Supermonstrum. Es gab auch harte Satiren auf die Aktionen der deutschen Wehrmacht.)

Nachdem im Juni 1943 ein Luftangriff den Tierpark in Hamburg-Stellingen fast vollständig vernichtet hatte, fielen im November 1944 Brandbomben auf das Renz-Gebäude. Erst geraume Zeit nach Kriegsende wurden die Trümmer der Ruine abgetragen, und ein Wohnblock erstand an ihrer Stelle. Ein Mosaik erinnert daran, daß hier ein „Zauberreich" für immer in Schutt und Asche zerfallen ist.

IX

DER NACHKRIEGSBOOM

Wohl in keiner Vergnügungssparte hatte der totale Krieg so viel Schaden angerichtet wie im Zirkus. Es war nicht nur das Potential an Artisten zusammengeschmolzen, die Tiere waren zum Großteil verhungert, und das Material war zum Teil beschlagnahmt oder vernichtet worden. Die Unternehmen, die nach dem Krieg wieder auftauchten, hatten zunächst überhaupt keine Tiere oder nur Kleintiere, wie Hunde, Tauben, und in der Gestaltung ihrer Programme erinnerten sie an den schon in der Zwischenkriegszeit hervorgetretenen Typus des Varieté-Zirkus, also an eine Kreuzung der beiden Formen; das kam mitunter schon rein äußerlich dadurch zum Ausdruck, daß zwar inmitten des Publikums gespielt wurde, nicht aber in einer Manege, sondern auf dem Podium. Das Unterhaltungsbedürfnis war nach dem Krieg sehr groß, und so schossen im Wien der Nachkriegszeit die Varietés, Cabarets, Varieté-Cabarets oder wie immer sie sich nannten – die Begriffsabgrenzungen wurden keineswegs immer scharf gezogen – geradezu aus dem Boden. Es war die verständliche Konsequenz, daß nach einer Zeit des Schreckens und der Entbehrung (Theatersperre Goebbels') der Andrang des Publikums zu allen Theaterformen hin besonders groß war. So fanden sich im rasch einsetzenden Unterhaltungsboom, der ja Parallelen in zahlreichen Ländern aufwies, neben alten bestehenden Spielstätten auch zahlreiche neue ein, und im Wien dieser Tage gab es beispielsweise das Theater-Varieté Colosseum, das Varieté Continental, das Varieté Triumph, das Varieté Dobner, das Varieté-Kabarett Koralle, das Revuetheater Boccaccio, das Varieté Schiefe Laterne, das Varieté im Kursalon, das Revuetheater Auge Gottes usw. usw. Dazu kamen noch zahlreiche Gastspieldirektionen, die ihre Varieté-vorstellungen vornehmlich in Lichtspieltheatern plazierten und

wöchentlich wechselnde Samstag- und Sonntag-Nachmittags-
programme brachten. Was geboten wurde, war nicht immer
erstklassig, aber man war nicht sehr anspruchsvoll, und die
bunten Ankündigungen, die wahllos überall affichiert wurden
und einen bisweilen auch von den Wänden zerbombter Häuser
und über Bombenkrater hinweg grüßten, waren sichtbare
Zeichen, mit welcher Macht sich der homo ludens wieder zu
Wort gemeldet hatte. Varietévorstellungen gab es auch im
Konzerthaus und im Sophiensaal, ehedem eines der beliebtesten
Ballzentren Wiens, wo nun wiederum Bälle, Masken- und
Kostümfeste, Redouten etc. einander zu jagen begannen. Die
Künstler wanderten wiederholt von einer Bühne zur anderen,
sodaß man sie oft durch mehrere Monate hindurch in verschiedenen Häusern sehen konnte, ganz abgesehen davon, daß
es auch ein abendweises „Tingeln" gab, und so mancher an
einem Abend bei zwei oder auch mehr Veranstaltungen mit-
wirkte. Am Heumarkt wurde ein großes Freilichtvarieté, „Das
Bouquet", eröffnet, das dann später im Konzerthaus kurzfristig
seine Fortsetzung fand. Ernst Arnold conferierte, es gab
wöchentlich wechselnde Programme, die auch immer unter
einem bestimmten Motto standen, und Akteure des Films und
der Bühne, die sich in jenen Tagen besonders intensiv dem
Varieté zuwandten, fanden sich ebenso ein wie die Akteure der
Artistik. Hans Moser, Theo Lingen, Giuseppe Taddei, Marika
Rökk, Christl Mardayn, die mit Frank Fox zum Doppelklavier
sang, die Ballettgruppen Grete Wiesenthal und Hedy Pfund-
mayr, die Fratelli Sereno, Wondra & Zwickl, Ernst Track oder
Else Rambausek traten beispielsweise hier auf, Karl Farkas
feierte sein Comeback, und Zaungäste konnten am „Heumarkt-
himmel" die 2 Gideons in ihrer schwindelerregenden Luftakro-
batik bewundern. Dazwischen spielte man eine Lustige Witwe,
deren Danilo Johannes Heesters hieß, hielt in Fortsetzung einer
alten zirzensischen Tradition Ringkampfturniere ab, und als die
Witterung den Umzug ins Konzerthaus notwendig machte,
vertrat Charly Gaudriot mit dem kleinen Wiener Rundfunk-

orchester seine überzeugende Devise: „Uns hört jeder gerne". Zirkus Rebernigg hatte in der Nachkriegszeit seinen Platz neben der Scala aufgebaut. Karlis weltbekannte Löwengruppe, mit der er auch wiederholt im Film agiert hatte (für die Filme „Zirkus Saran", mit Hans Moser, Leo Slezak, Adele Sandrock und Pat und Patachon, und „Der Mann, von dem man spricht", mit Hans Moser, Rühmann, Lingen und Gusti Huber, hatte Rebernigg auch den Schauplatz der Handlung geboten), existierte freilich nicht mehr; die Tiere waren gegen Ende des Krieges im wesentlichen an Nahrungsmangel eingegangen. 1952 gelang es dem Dompteur und Juniorchef, nochmals eine Gruppe aufzubauen und sein großes Können als Tierlehrer zu demonstrieren. Aus gesundheitlichen Gründen mußte er sich jedoch später schweren Herzens entschließen, seine über ein Vierteljahrhundert ausgeübte Tätigkeit als Dompteur aufzugeben und „nur mehr" als Prinzipal zu wirken. Ein besonderer Liebling des Wiener Publikums aus dem Hause Rebernigg, der Elefant Bubi, mußte 1949 erschossen werden, da ihn das Fehlen einer Partnerin wild gemacht hatte. Die Wiener gedachten Bubis auch im Tode, denn ein pfiffiger Wirt bereitete seine sterblichen Überreste als Leckerbissen und mußte sich über Mangel an Gästen nicht beklagen.

1953 kam *Apollo* und damit seit Kriegsende der erste Großzirkus aus der Bundesrepublik nach Wien. Er schlug seine Zelte gegenüber dem Südbahnhof auf. Das Wiener Publikum jubelte ihm zu und stürmte durch Monate die Vorstellungen. Direktor *Emil Wacker* hatte allerdings auch ein Programm mitgebracht, das als absolute Weltklasse anzusprechen war, und verstand es zudem, als ingeniöser Manager, den Zirkus dauernd im Tagesgespräch zu halten. Eine gemischte Bärengruppe und Löwen, die Togares Frau, Taranda, vorführte, elegante Freiheitsdressuren, von Ernst Ross präsentiert, die 3 Alizees, fliegende Menschen, die seinerzeit im Cirque Médrano in Paris die Codonas abgelöst hatten, Recha, der „Teufel im Frack", einer der Großen aus dem Reich der Magie, und Prince Kari-Kari mit seinen hypnotischen Experimenten, exotischen Feuerspielen und Tänzen mit Pythonschlangen seien aus der Fülle des Programms herausgegriffen. Und als Apollo Wien verlassen hatte, da stand an seiner Stelle schon der nächste deutsche Großzirkus, nämlich *Williams;* der Reigen der jährlich wiederkehrenden Gastspiele ausländischer, fast ausschließlich bundesdeutscher Großzirkusse war damit eröffnet worden.

Im Dezember 1955 hatte dann das Ronacher, das bekanntlich nach Beendigung des Zweiten Weltkrieges die Heimstätte des Burgtheaters gebildet hatte, wieder seine Pforten geöffnet, und zum dritten Male stand *Labriola* (der das Varieté auch während des Zweiten Weltkrieges geleitet hatte) an der Spitze des Hauses. Vier Jahre brachten noch einmal den Glanz des Weltstadtvarietés. Sein Ende fällt bereits in das vorläufig letzte Kapitel der Varietégeschichte Wiens.

X

CIRCENSES HEUTE UND MORGEN

1959 wehte erstmals Zirkusluft in der *Wiener Stadthalle,* und sie ging vom Gastspiel des *russischen Staatszirkus* aus. Sein legendärer Ruf trieb die Wiener zu Hunderttausenden in die (1958 eröffnete) Riesenanlage auf dem Vogelweidplatz. Springer auf der russischen Schaukel, bei denen der Schlußmann in dreifachem Salto durch die Luft wirbelte und als vierter auf den Schultern einer aus drei Männern bestehenden Menschensäule landete, eine kaukasische Drahtseilgruppe und andererseits eine Ballerina auf dem Drahtseil, die liebenswerte Reminiszenzen an den Zirkus vergangener Tage weckte, rasante Gymnastik am Rundreck, oder Olchowikow, der als Jongleur zu Pferde Messer, Reifen, gefüllte Gläser und im Dunkeln brennende Fackeln durch die Luft tanzen ließ, legten nebst anderen Zeugnis von der hohen Meisterschaft der russischen Künstler ab. Ein wenig bedauert wurde es, daß es neben einer Hohen Schule nur eine einzige Tiernummer gab, die allerdings durch einen der Prominentesten seines Faches präsentiert wurde, durch Walentin Filatow. Was seine zwölfköpfige Braunbärengruppe alles zu leisten vermag, ist in zahlreichen Abhandlungen beschrieben worden; also Höhepunkt empfand man vielleicht, als zwei der Tiere auf Motorrädern mit hoher Geschwindigkeit in die Arena gebraust kamen und bei ausgeschalteter Beleuchtung, also in völliger Dunkelheit, nur mit den eingeschalteten Lampen der Motorräder kreuz und quer fuhren. Und dann war noch *Oleg Popow* zu sehen, als der sonnige Clown auch hier längst zum Begriff geworden, der voll Fröhlichkeit, überströmend vor Aktivität seine poesievollen kleinen Soloszenen zeigte, lyrische Clownerien, die in Form der Reprise oft an die vorhergehende oder die nachfolgende Darbietung anknüpften. Die Sowjetunion hat ja im Suchen nach einer neuen Clown-

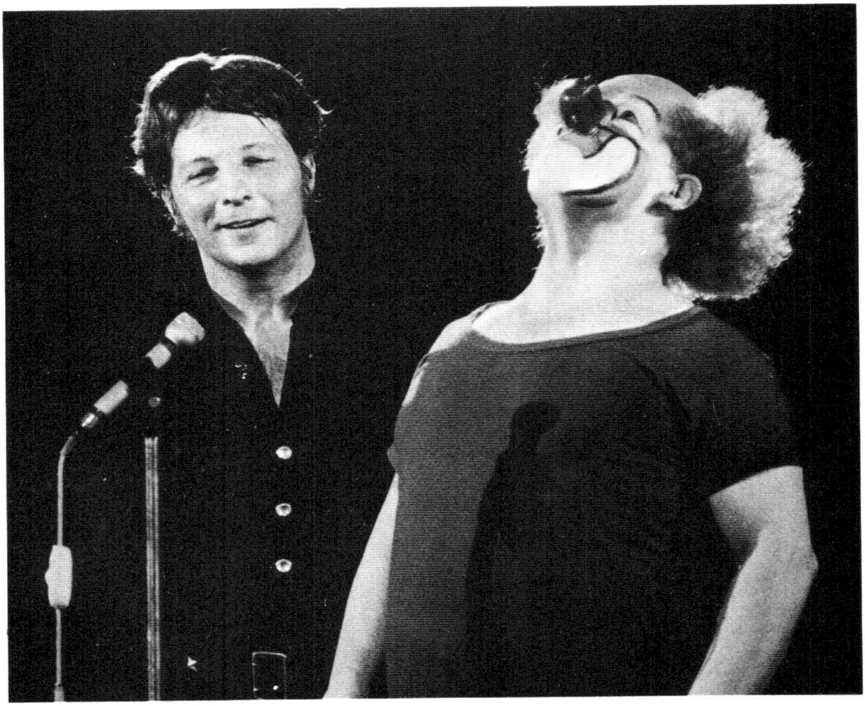

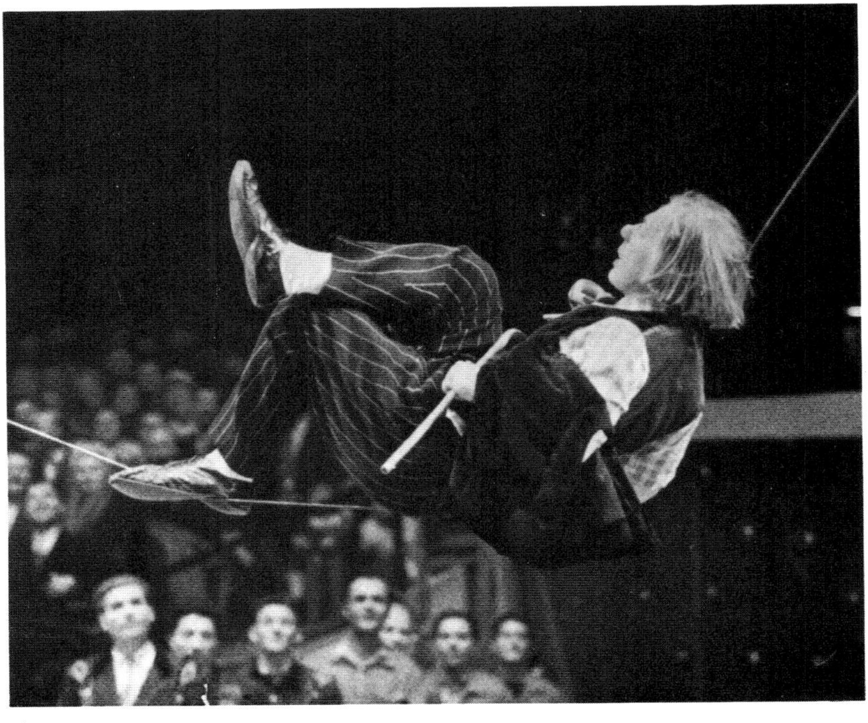

17 Dressiertes Flußpferd aus dem Circus Knie; Wiener Stadthalle.

19 Reitakt der Carolis in der Wiener Stadthalle.

gestalt diese mit einem sieghaften Optimismus ausgestattet, der sowjetische Clown scheitert nicht an der Realität, sondern bewältigt sie vielmehr, er ist, in Anspielung auf Pavel Kohout, kein August, dessen Träume sich nicht verwirklichen. Mit karierter Sportmütze, schwarzem Samtjäckchen, dunkel gestreifter Hose und einem kleinen Stöckchen, das Gesicht fast ohne Schminke, kommt Popow, der einen jungen Arbeiter unserer Tage spielt, in das Rund. Voll Staunen sieht er ein Seil gespannt, und sehr zaghaft setzt er einen Fuß darauf. Aber das Seil beginnt drohend zu schwanken. Popows unglückliches Gesicht drückt die große Angst aus, die ihn erfaßt hat, aber er überwindet sich, und, siehe da, die nächsten Schritte gelingen. Nun ist Popows Verwunderung grenzenlos, er kann seinen Stolz nicht mehr verbergen, wagt sich mehr und mehr vor und beginnt schließlich mit Eleganz, schwierige Kunststücke zu meistern. In diesen Handlungen voll Überraschung versteht er es, das Publikum zu seinem Partner zu machen, und nicht nur Popow, sondern auch wir sind erstaunt, wenn ein weißer Hahn in eine Röhre hineinspaziert, an deren anderem Ende ein schwarzer Hahn herauskommt. Und als ein Scheinwerferstrahl in die Manege fällt, beschließt Popow, ihn zu sich zu nehmen, wickelt ihn vorsichtig mit seinen Händen zusammen und steckt ihn zärtlich in einen Sack – eine Offenbarung des magischen Allmachtswunsches der Kinderwelt.

Knapp ein Jahr später, am 31. Jänner 1960, rollte im Ronacher letztmalig ein Varietéprogramm ab. Vier Jahre hatten noch einmal den Glanz des Varietés gebracht, ehe das Spiel zu Ende sein sollte. Nati Mistral, der spanische Revuestar, Dawlath Soliman, König Faruks Lieblingstänzerin, der großartige Parodist Werner Kroll, Wiens Lieblinge Heinz Conrads und Fritz Muliar, Bu-Bu, der Filmschimpanse, Tongas Leopardendressur, Kalanags große Zauberrevue „Simsalabim", die weltbekannten Hiller-Girls und Peter Kreuder, der mit musikalischen Erinnerungen aus Brasilien und mit dem einen oder anderen seiner Evergreens kam, zu denen das Publikum im Chor mitsummte, seien aus der Fülle der Darbietungen dieser Jahre genannt. Charlie Rivel, der ja wiederholt im Ronacher zu Gast gewesen war, war einer der letzten, die auf seiner Bühne standen, und mit ihm zusammen in der Revue „Sei ein Clown" traten die Lentini-Brothers auf. Das war im Dezember 1959. Die Lage war nun schon seit einiger Zeit äußerst prekär geworden, und der Zuschauerraum wies oft eine erschreckende Leere auf. Revueartige Programme wie die gemeinsame Show mit Rivel und den Lentini-Brothers oder Kalanags „Simsalabim" hatten noch großen Erfolg gehabt, während das klassische Varieté- programm nach und nach in der Gunst des Publikums abge- sunken war. Das Fernsehen war als übermächtiger Faktor immer mehr auf den Plan getreten und hatte ja auch ein be- trächtliches Theater- und Kinosterben nach sich gezogen. Da- neben schien das Interesse an der Artistik überhaupt zurück- gegangen zu sein, zumindest dürfte der Rahmen, den das Varieté bot, nicht mehr genug Anziehungskraft besessen haben, und neue Sensationen, wie die zirzensischen Superschauen, zogen das Publikum in ihren Bann. An sich war das Varieté- sterben eine globale Angelegenheit, die sich durch den ganzen Westen zog und dem nur noch vereinzelt hin und wieder ein Etablissement (wie das Hansa-Theater in Hamburg) stand- halten konnte. Auch der Zirkus erlebte in diesen Jahren eine Krise, als Gesamterscheinung überstand er sie aber, was auch darauf zurückzuführen ist, daß sich ein beachtlicher Teil seines Publikums aus Kindern rekrutiert. Der Zirkus, auf der Drei- heit Artistik-Clownerie-Dressur als seinem dramaturgischen Grundgesetz aufgebaut, verdankt sein Überleben im besonde- ren wohl auch dem letzten der drei Elemente. Dazu kam, daß der Zirkus, von Ausnahmen abgesehen, keine stationäre Ein- richtung mehr war. Vielleicht konnte auch das erotische Flair, das das Varieté ausgestrahlt hatte, in einer Zeit der weitgehen- den Zerstörung der sexuellen Tabus keine sehr große Anzie- hungskraft mehr ausüben; die Nightclubs wurden und werden primär vom Striptease beherrscht, die Artistik nimmt in ihnen

– von Ausnahmen natürlich abgesehen – eine doch sehr bescheidene Position ein. Als es publik wurde, daß das Ronacher vor dem Zusperren stehe, waren sich weite Teile der Bevölkerung und die Presse aller Richtungen einig, daß dies „irgendwie" verhindert werden müsse und Wien nicht sein einziges Großstadtvarieté verlieren dürfe. Doch der Lauf des Geschehens war nicht mehr aufzuhalten. Im Februar 1960 gab es im Ronacher noch ein Gastspiel der weltberühmten Tanzgruppe Katherine Dunham in ihrer „Karibischen Rhapsodie". Labriola wollte dieser Premiere beiwohnen, ein Herzinfarkt setzte aber am Tag vorher, am 17. Februar 1960, seinem Leben ein Ende. Somit war der letzte Vorhang eines der großen alten Varietés auch der letzte Vorhang eines seiner großen alten Männer geworden. Das Ronacher-Gebäude selbst blieb vom Schicksal, der Spitzhacke zum Opfer zu fallen und Platz für eine Bank oder eine Versicherungsgesellschaft zu machen, verschont; es wurde für einige Zeit zur Heimstätte des Österreichischen Fernsehens.

Artisten – Tiere – Attraktionen (ATA), das große Zirkusfestival der Wiener Stadthalle, das das Glück hatte, in Emil Wacker eine der erfahrensten und ideenreichsten Führungspersönlichkeiten des Zirkus als spiritus rector zu bekommen, leitete 1960 einen Umbruch in der Zirkusgeschichte Wiens ein. Zirkus in der Halle verlangt seine eigene raummäßige Konzeption. Im Laufe der Geschichte der ATA ist man verschiedene Wege gegangen. Es hat Podium und Manege, zwei Manegen und zwei Bühnen (und eine zusätzliche Wassermanege) oder zwei Manegen nebeneinander gegeben; auf den Spielflächen rollte das Geschehen abwechselnd – nie simultan – ab. Seit einigen Jahren ist man zu *einer* Manege zurückgekehrt, und es scheint die beste Lösung zu sein. Nur Streiflichter aus der Geschichte dieser Institution mögen Zeugnis von ihrer zirzensischen Vielfalt ablegen. Ein oft wiederkehrender Gast mit immer wieder neuen Piecen war das Haus *Knie*, die fünfte Generation mit Fredy und Rolf und die sechste mit Fredy jun., Rolf jun. und

Louis Knie. Die Dressuren aus dem Schweizer Nationalzirkus, im besonderen der Umgang mit Pferden, wurden in der Zirkuswelt zum Inbegriff höchster Meisterschaft und Schönheit: die königliche Pferdegarde – ein Kavalleriebild vergangener Tage; die scheckigen Bierbrauerpferdchen; die Champagnerpferde; ein 18er-Zug mit ungarischen, polnischen und deutschen Araberhengsten, Lipizzanern und Trakehnern; die nach Motiven der „Rhapsody in blue" gezeigte Freiheit mit Lipizzanern, friesischen Rapphengsten, Shetland-Ponys und den durch ihre gelbliche Farbtönung sehr apart wirkenden russischen Achat-Tekiner-Hengsten; die Troika mit Windspielen; die verschiedenen Variationen von Hoher Schule; der rasante Wildwestakt „Ein Hauch von Bonanza" u a. Knies Elefanten in verschiedenen Dressuren, seine Exoten (Kamele, Tarpane, Watussi-Rinder, Zebus, Zebras, Zebroide, Wasserbüffel, Lamas, Guanakos), Lucky, die einzige reitbare Giraffe, Juba, die Nilpferddame, und Ceyla, das Breitmaul-Nashorn (das 1974 als besondere Sensation mit dem reitenden Tiger vorgeführt wurde), sollen in dieser Retrospektive nicht fehlen. Aber auch eines anderen großen „Pferdehauses" muß gedacht werden, des Hauses *Schumann,* das sich schon bei der ersten ATA 1960 präsentierte und 1968 vor allem durch zwei Piecen bezauberte: „Die Morgendämmerung auf der Pußta", in der die weißen geschirrlosen Araberhengste „im fahlen Blaulicht des heraufbrechenden Morgens" ein Bild von eigenartiger Schönheit abgaben (die Assoziation mit Marcs blauen Pferden stellt sich fast zwangsläufig ein), und die sechsfache Hohe Schule, die Paulina, Katja, Albert, Benny, Jacques und Max Schumann nach der Musik aus „My Fair Lady" ritten und die wie ein lebendig gewordener Stich aus der zweiten Hälfte des 19. Jahrhunderts wirkte.
Raubtierdressuren fehlten in keinem Programm der ATA, und es ist überhaupt charakteristisch für den westlichen Zirkus unserer Zeit, daß das Publikum zumindest eine Nummer dieses Genres im Programm voraussetzt und den Spannungszustand, in den katzenartige Raubtiere zu setzen vermögen, nicht missen

will. Die gemischten Katzengruppen scheinen dabei heute in größerem Ausmaß aufzutreten als ehedem, hingegen sind die mit katzen-, bären- und möglicherweise auch noch hundeartigen Raubtieren zusammengesetzten Gruppen offensichtlich zurückgegangen – die Bären wurden gegenüber den Katzen vielfach als retardierendes Moment empfunden. Die wissenschaftliche Beschäftigung mit Zirkusdressuren galt lange Zeit als nicht „angemessen" (die Ursache lag in kleinbürgerlichen Vorurteilen begründet), nun hat man in jüngerer Zeit hier vieles nachgeholt, und besonders die Raubtierdressur wurde zum hochinteressanten Studierfeld der Tierpsychologie. Dieter Farell, der 1970 mit seiner aus fünf Tigern, zwei Löwen, zwei Leoparden, zwei schwarzen Panthern und zwei Pumas bestehenden Gruppe gastierte, sprach in einer brisanten Diskussionsrunde im Rahmen der Wiener Circusfreunde in der Stadthalle über das Sozialverhalten und die Gruppenstruktur seiner Tiere. (Der junge Tierlehrer, der längst zur internationalen Elite auf seinem Gebiet zählt, erhielt ein Jahr später die von der Gesellschaft der Circusfreunde in Deutschland verliehene Ernst-Renz-Plakette aus der Hand ihres Präsidenten Friedel Zscharschuch. Sie gilt als eine der höchsten Auszeichnungen auf dem Gebiet des Zirkus und kann jeweils nur zehn lebenden Personen zuteil werden – unter ihnen befinden sich Charlie Rivel und Fredy Knie sen.) Blättern wir in den Annalen der Stadthalle, so finden wir auf dem Sektor der Raubtierdressuren manch weiteren internationalen Namen vertreten: Gerd Siemoneit etwa, heute zudem Eigentümer eines der führenden deutschen Unternehmen (Barum – Safari); Gilbert Houcke, der als „Tarzan", in einer Leopardenfell-Badehose, als einer der besten Tigerdompteure bekannt wurde; Heinz Naumann sprang mit seinem Tiger von einem acht Meter hohen Turm in ein Bassin, eine typische USA-Nummer, die nicht ungeteilte Aufnahme fand; Kastens Tierrevue brachte neben Menschenaffen auch Katzen, einen Leoparden und, was selten ist, einen Jaguar; Antoine seine Kragenbären u. a.

Zu Gast bei ATA war auch Karah Khavak mit seinen Riesenschlangen und Krokodilen. Es ist immer eine etwas gruselige Angelegenheit, wenn die Panzerechsen in der Manege hin- und herkriechen und eines der Krokodile sogar den Manegenrand übersteigt, bis schließlich alle Tiere, von der Hand ihres Meisters „hypnotisch gebannt", in Erstarrung liegenbleiben. Von den Seelöwendressuren sei der backenbärtige Captain Morris genannt, dessen Zöglinge sich nicht nur im Jonglieren und Balancieren auszeichneten, sondern sich auch mit sichtbarer Freude in ein großes Wasserbassin stürzten, wobei sie zu guter Letzt auch Schlauchboot fuhren. Eine der ganz großen Sensationen war aber zweifellos das Auftreten der Delphine im Programm 1968, die sich in ihrem Bassin (für das ein eigenes Laboratorium notwendig war, um Zusammensetzung und Wassertemperatur zu kontrollieren) als Universalartisten par excellence zeigten. Sie spielten Basketball und sprangen durch brennende Reifen, schossen mehrere Meter senkrecht aus dem Wasser, um sich von ihrer charmanten Dompteuse Fische zu holen, sangen ein „Delphinterzett" und tanzten auf der Wasseroberfläche mit den Schwanzspitzen Twist.

Auf artistischem Sektor sei erinnert an: Mendez und Seitz auf dem Hochseil (Mendez sprang ohne Netz und Balancierstange über seinen Partner); die New-Houdinys, die in ihrer Entfesselungsshow auch die gewiegtesten Kriminalisten vor unlösbare Rätsel stellten; Galetti, der das Motiv des Clowns und der Ballerina auf dem Seil aufnahm und ihm in Form einer sprühenden, durch ein großartiges Untertreiben gekennzeichneten Clownerie Gestalt gab; das Trio Ghezzi, in ekstatischem Tempo „vorplumpsende" exzentrische Kaskadeure; die Marilee-Flyers, fliegende Menschen, die nicht nur durch ihr hohes Können, sondern auch durch ihre Jugend bestachen; Shirley Marie, die Profi-Weltmeisterin im Federball mit ihrem köstlichen Partner Hugh Forgie; der Jongleur Francis Brunn, der sich gleichermaßen durch immense Schnelligkeit als auch durch spielerische Leichtigkeit auszeichnete; die renommierte Hochseil-Truppe Rudolfo Stey; die als Stammgast immer wieder gern gesehene Reitertruppe Enrico Caroli.

ATA 1971 brachte den russischen Staatszirkus zum zweitenmal nach Wien, und ATA 1972 nach vierzehnjähriger Abwesenheit das Wiedersehen mit *Charlie Rivel*. Wer kennt nicht die Bilder aus den dreißiger Jahren, als Charlies Kinder noch klein waren und der Papa mit der Concertina über die Bühne tänzelte, hinter ihm aber drei ihm völlig gleichsehende Bürschchen aus der Kulisse schlüpften, Miniaturausgaben des großen Clowns, die sich über ihn lustig machten, indem sie ihn imitierten. Die „Bürschchen" waren inzwischen Music-hall-Stars von internationalem Format geworden, die sich gegen Ende ihres Auftrittes in Clowns verwandelten, um das Entree ihres großen Papas vorzubereiten. Wenn dann der alte Zirkuswagen an den Manegenrand gefahren wurde und der kleine Herr mit der roten Vierkantnase und dem engen langen Trikot herausgewatschelt kam, war das wohl für so manchen ein unvergeßlicher Augenblick. Charlie, diese seltsame Mischung eines eigensinnigen Kindes und eines grotesken Alten, bot sein berühmt gewordenes Heul-Entree mit Stuhl und Gitarre, er nahm Tanzunterricht bei seinem Sohn Juanito und brachte seine Parodie auf die Primadonna. Das seelenlose Mikrophon, der verflixte Sessel hinter dem Rücken, die „ungezogenen" Lacher aus dem Publikum, die unnachsichtig hinausgewiesen werden, die Primadonna, der das Notenblatt aus der Hand fällt, und die dann falschen Baß singt, weil sie die Violinnoten verkehrt liest, das Uuuuuh! und das Schöööön!, das diesmal ein „wieder schööööön" war, es sind alles letztlich unerzählbare Details aus dem Spiel eines wahrhaft Begnadeten, dessen Subtilität sich freilich in den Distanzen der großen Halle ein bißchen verlieren mußte.

Die Stadthalle bewies sodann ein gutes G'spür, als sie die ATA 73 mit Freddy Quinn ins Leben rief. Als er einleitend sang „Ja, wir sind Artisten" (und das innerhalb des Rundkäfigs, der schon von den Löwen des Budapester Staatszirkus bevölkert war), da spürte man, daß er wirklich auch zu dieser Welt gehört; seine so sympathische und unprätentiöse Art ließ ihn sozusagen als „primus inter pares" im Ensemble aufgehen. Freddy, manchmal „nur" als liebenswerter Präsentator wirkend, war dann erwartungsgemäß auch mit einigen seiner Lieder seines vielgestaltigen Repertoires vertreten, auch als Troubadour zu Pferde, der zur Gitarre von den elementarsten Dingen, von Liebe und von Sehnsucht, zu singen wußte. Schließlich zeigte sich Freddy auch noch als Hochseilartist, als Partner des großen Duval.

Die ATA, nun schon seit Jahren von Emil Wackers Witwe, Margarete Wacker, und Leo Günther Huemer geleitet, und die Gastspiele der bundesdeutschen Großzirkusunternehmen, wie Franz Althoff, Krone, Carl Althoff, Busch-Roland oder Sarrasani (den der Wiener Zirkusmanager Friedrich Wilhelm Holzer 1971 nach 33jähriger Abwesenheit nach Wien holte), haben im wesentlichen das Zirkusbild Wiens in den letzten Jahren geprägt. Rebernigg trat aus persönlichen Gründen nur mehr sporadisch in Aktion. Und dem Zirkus Medrano, der nach einer Kette schwerer Heimsuchungen 1968 in Wien auf dem Schwendermarkt seine Pforten wieder öffnete, war durch eine weitere Serie von Mißgeschicken nur ein kurzfristiges Weiterexistieren vergönnt.

Ziehen wir einen Gegenwartsvergleich mit Ländern gleicher oder ähnlicher Gesellschafts- und Wirtschaftsstruktur, so fällt die Bilanz – quantitativ – für Österreich betrüblich aus. So nimmt denn auch der Zirkus im Bewußtsein der Allgemeinheit nicht diese Rolle ein, die ihm seine Anhänger wünschen würden. Die Dynamik unserer Zeit erfordert eine umfassende, stark aktivierte Kulturpolitik, in der auch der Zirkus den ihm zukommenden Platz erlangen soll. Der V. Internationale Circuskongreß in Amsterdam im September 1972 hatte es sich daher zur Aufgabe gemacht, die Funktion des Zirkus als Problem der Kultur näher auszuarbeiten. Österreich wurde auf diesem Kongreß in die internationale Kommission aufgenommen. In Österreich selbst hat es in letzter Zeit nicht an Aktivitäten gefehlt, die Veranstaltungen der Circusfreunde haben durch ihre Meetings mit Artisten und Managern so manches Problem in die breite Öffentlichkeit getragen, und auch die Schaffung eines Clownmuseums in einem Trakt des Leopoldstädter Heimatmuseums aus der Privatsammlung Heino Seitlers im Jahre 1968 darf nicht vergessen werden. Eine eigene österreichische evangelische Zirkusseelsorge wurde durch Pastor Ludwig Drexler ins Leben gerufen. Im Sinne des ökumenischen Gedankens nimmt er auch immer am Zirkusgottesdienst in der Stadthallenmanege teil, der meist vom päpstlichen Nuntius abgehalten wird und bei dem der bekannte Zirkuspater Schönig die Predigt hält.

Aber nicht ein Epilog, sondern ein Prolog möge diese Abhandlung schließen, denn ein neuer österreichischer Nationalzirkus steht vor den Toren. Wer nur ein bißchen von den Hindernissen und Risken weiß, denen ein Zirkus ausgesetzt ist – zum Beispiel das Problem des Platzes, das durch ständige Verbauungen immer schwieriger wird –, der wird das Pionierhafte dieser Tat begreifen. Elfi Althoff-Jacobi, die Prinzipalin des neuen Unternehmens, hat als Zirkusdirektorin in vielen Teilen der Welt Furore gemacht. Sie hat den Slogan vom Zirkus, der mit der Zeit geht, geprägt, und diejenigen, die ihren Weg verfolgen konnten, wissen, daß dieses Versprechen auch immer eingelöst wurde. Wir dürfen daher im österreichischen Nationalzirkus Überraschendes und Neuartiges im Umkreis bester zirzensischer Tradition, zugleich aber die für ein wirklich gutes Zirkusprogramm so wichtige Balance zwischen der (freilich Änderungen unterworfenen) klassischen Zirkuskunst und den Anforderungen der Zeit erwarten. Durch die Tatsache, daß der Zirkus Rebernigg als Bestandteil in das neue Unternehmen hineingewachsen ist, wurde auch eine Brücke in der österreichischen Zirkustradition geschlagen, und der österreichische Nationalzirkus wird bei aller Internationalität, die der Zirkus nun einmal postuliert, eine spezifisch österreichische Note nicht vermissen lassen. Österreich bekommt somit wieder „seinen Zirkus", der es freilich schwerer haben wird als mancher seiner ausländischen Kollegen; muß er doch jedes Jahr sein Programm wechseln und mit immer neuen Attraktionen vor sein Publikum treten.

So halten wir denn ein in unserer Wanderung durch ein wechselvolles Gebiet der Kulturgeschichte Österreichs, halten ein beim neuen österreichischen Nationalzirkus, in dem die große Zirkustradition Wiens eine würdige und vielversprechende Fortsetzung gefunden hat. Und wir sehen voll optimistischer Erwartung in die Zukunft, denn es sind viele, die den glückhaften Rauschzustand, in den das Spiel der Manege zu versetzen vermag, nicht missen mögen.

QUELLENVERZEICHNIS

Autorenkollektiv: Die Artisten, ihre Arbeit und ihre Kunst. Berlin 1965.

Phineas Taylor Barnum: Barnum der Kaufmann, Journalist und Raritätenmann. Leipzig 1855.

Emil Karl Blümml / Gustav Gugitz: Alt-Wiener Thespiskarren. Wien 1925.

Paula Busch: Das Spiel meines Lebens. Stuttgart 1957.

Hermann Dembeck: Manege frei. Berlin 1937.

Hermann Dembeck (unter Mitarbeit von Klaus Hallmann): Dressuren und Dompteure. München—Basel—Wien 1966.

Eduard Dietl: Clowns. München 1966.

Franz Xaver Dworschak: Meister der Manege. Berlin 1943.

Gerhard und Susanne Eberstaller: Clown und August. Wien 1971.

Paul Eipper: Zirkus, Tiere, Menschen, Wanderseligkeit. Berlin 1930.

Oskar Maurus Fontana: Hans Moser. Wien 1965.

Grock: Grock, ich lebe gern. München 1930.

Richard Groner: Wien wie es war. Wien—München 1965.

Bernard Grun: Aller Spaß dieser Welt. München—Wien 1965.

Carl Hagenbeck: Von Tieren und Menschen. Berlin 1909.

Hermann Hakel: Wigl Wogl. Kabarett und Varieté in Wien. Wien—Hannover—Bern 1962.

Joseph Halperson: Das Buch vom Zirkus. Düsseldorf 1926.

Helmut Hanke: Das Abenteuer der Manege. Berlin 1968.

Heini Hediger: Beobachtungen zur Tierpsychologie im Zoo und im Zirkus. Basel 1961.

Willi Janeck (unter Mitarbeit von Friedel Zscharschuch): Die großen Drei — Krone, Hagenbeck, Sarrasani. Preetz 1959.

Heinz Kindermann: Theatergeschichte Europas. Bände I bis IX. Salzburg 1957—1970.

A. H. Kober: Rund um die Manege. Stuttgart 1928.

A. H. Kober: Zirkus Renz. Wien o. J.

Jewgeni Kusnezow (ergänzt von Ernst Günther und Gerhard Krause): Der Zirkus der Welt. Berlin 1970.

Alfred Lehmann: Tiere als Artisten. Wittenberg 1955.

Karl Heinz Kramberg: Der Clown, Marginalien zur Narretei. München o. J.

Siegfried Melchinger / Willi Jäggi: Harlekin, Bilderbuch der Spaßmacher. Basel 1959.

Arthur Moeller-Bruck: Das Varieté. Berlin 1902.

Jean Pierre Moulin / Ervin Kindler: Eintritt frei Varieté. Lausanne 1963.

Günter H. W. Niemeyer: Hagenbeck. Hamburg 1972.

Theodor Ottawa: Ronacher — der Roman eines weltberühmten Wiener Varietés. Große Österreich Illustrierte, Jahrgang 1959.

Hans Pemmer / Ninni Lackner: Der Wiener Prater einst und jetzt. Leipzig—Wien 1935.

P. Richards: Zeichner und Gezeichnete. Berlin 1912.

Joseph Richter (Hg. v. E. v. Paunel): Die Eipeldauerbriefe. München 1917.

Signor Saltarino: Fahrend Volk. Leipzig 1895.

Signor Saltarino: Das Artistentum und seine Geschichte. Leipzig 1910.

Bruno F. Riedel: Manege 67. Preetz 1967.

Tristan Remy: Clownnummern. Köln—Berlin 1964.

Felix Salten: Wurstelprater. Wien—Leipzig o. J.

Heino Seitler: Ich bin Hanswurst. Preetz 1960.

Heino Seitler: Clowns aus zwei Jahrhunderten. Wien 1966.

Charlie Rivel: Akrobat — schöön. München 1972.

Anton Stieger: Karli und seine Katzen. Allerlei über Rebernigg. Wien 1945.

Fritz Usinger: Zur Metaphysik des Clowns. Offenbach a. M. o. J.

Rudolf Weys: Cabaret und Kabarett in Wien. Wien—München 1970.

Robert Wilschke: Im Lichte des Scheinwerfers. Berlin 1941.

Friedel Zscharschuch: Freunde hinter Gittern. Preetz 1959.

Was sich der Zirkus erzählt — Plaudereien über Ernst Renz. Leipzig 1878.

Schrift des Josefstädter Heimatmuseums anläßlich der Ausstellung „Der österreichische Zirkus". Wien 1964.

Zeitschriften:

Die Circus-Zeitung. Berlin 1959—1973.

Organ-Showbusiness (früher das Organ der Varieté-Welt). Pirmasens 1950—1973.

Die Bühne. Wien 1924—1950.

Ferner: Privatarchiv Gerhard Eberstaller, Wien.

WIENER THEMEN

Waltraud Neuwirth

PORZELLAN AUS WIEN

Von du Paquier zur Manufaktur im Augarten

Dieses weite Gebiet umfaßt die Werke der 1718 gegründeten Manufaktur in der Rossau, die Porzellanmalereien und Fälschungen des späten 19. Jahrhunderts, Jugendstil-Porzellane nach Entwürfen von Hoffmann und Moser sowie die Arbeiten der Manufaktur im Augarten.

Kurt Kahl

DIE WIENER UND IHR BURGTHEATER

Hausherr im Burgtheater war der Kaiser. Der zahlende Untertan war nur geduldet. Für ihn war diese Bühne Erziehungsanstalt und Salon in einem. Seit jeher aber wirkte das Wiener Publikum kräftig auf sein Theater zurück.

Heinrich Lunardi

ALTE WIENER UHREN UND IHR MUSEUM

Die Zeit des Tages, die Zeit einer Epoche — beides ist abzulesen von alten Uhren. Ein Gang durch die Geschichte der Zeitmessung, ein Gang durch das Wiener Uhrenmuseum.

Jugend und Volk Wien München

WIENER THEMEN

Reinhard Urbach

DIE WIENER KOMÖDIE UND IHR PUBLIKUM

Stranitzky und die Folgen

Die Wiener Komödie ist nicht harmlos. Als fröhliche Katastrophe übt sie mit Hanswurst, Bernardon, Papageno, Kasperl, Waberl und den Rollen Nestroys Kritik und demonstriert die Überlegenheit der Untergebenen.

Otto Erich Deutsch

MUSIKALISCHE KUCKUCKSEIER

und andere Wiener Musikgeschichten

Otto Erich Deutsch hat den auf authentischer Grundlage basierenden musikalischen Tatsachenbericht als wirksamstes Mittel gegen die legendenhafte und anekdotische Verfälschung geschaffen. Seine nachgelassenen Essays sind Dokumentation und literarisches Kunstwerk zugleich.

Jugend und Volk Wien München